秘書監志

〔元〕王士點　商企翁　編次

宮海峰　校證

圖書在版編目(CIP)數據

秘書監志 / (元) 王士點, (元) 商企翁編次; 宮海峰校證. —上海: 上海古籍出版社, 2022. 12
ISBN 978-7-5732-0578-0

Ⅰ. ①秘… Ⅱ. ①王… ②商… ③宮… Ⅲ. ①文官制度—研究—中國—元代 Ⅳ. ①D691. 42

中國版本圖書館 CIP 數據核字(2022)第 257995 號

秘書監志

(元) 王士點　商企翁　編次

宮海峰　校證

上海古籍出版社出版發行
(上海市閔行區號景路 159 弄 1-5 號 A 座 5F　郵政編碼 201101)
(1) 網址: www. guji. com. cn
(2) E-mail: guji1@guji. com. cn
(3) 易文網網址: www. ewen. co
常熟市人民印刷有限公司印刷
開本 850×1168　1/32　印張 11. 375　插頁 3　字數 258,000
2022 年 12 月第 1 版　2022 年 12 月第 1 次印刷
ISBN 978-7-5732-0578-0
K·3310　定價: 58. 00 元
如有質量問題,請與承印公司聯繫

前言

《秘書監志》，又稱《元秘書志》《秘書志》，全書十一卷，爲元代官修政書，元末至正年間（一三四一至一三七〇）王士點、商企翁編撰。本書向以鈔本傳世，是一部彙集元代秘書監及其隸屬機構天文臺的典章制度、地理圖志的專門著作，具有重要的學術價值。以下就本書作者、内容、史料價值、成書年代、相關版本等作簡要介紹，順便就標點、校勘、解讀等問題略作探討。

一

秘書之官，在我國由來已久。早在周朝時設有外史，「掌書外令，掌四方之志，掌三皇五帝之書」。東漢時期始設秘書監之職，掌典禁中圖書。曹操爲魏王時，設置秘書令，典尚書奏事，兼掌圖書秘記。魏初設秘書監一人，專掌藝文圖籍之事。晉代設置了秘書省，以秘書監作爲長官，南北朝沿置。隋仍爲秘書監（煬帝一度改秘書令）。五代、宋又沿置。遼、西夏、金設秘書監，長官仍稱秘書監。據本書記載，至元九年（一二七二）十一月，太保劉秉忠、大司農孛羅奉聖旨設立秘書監，秩從三品。初設官四員：秘書監二員（從三品），少監二員（正五品）；吏屬共六人，分令史、典書、奏差各二人。首任秘書監爲前户部尚書焦友直、司天臺提點扎馬剌丁。此後機構設置逐步完善，各朝官員吏屬也有增減變化。大德九年（一三〇五）七月，成宗陞秘書監爲正三品。至大四年（一三一一），仁宗又陞長官秘書監爲卿。元秘書監的主要職責是搜集收藏古今之圖籍，藏之秘府。即所謂「儲圖史、正儀度、頒經籍」，「掌歷代圖籍并陰陽禁書」。① 實際上還包括纂修地理圖志及興文署的印造曆書等事。秘書監官員的選用，稱「奉藏之官，協恭寅畏，爲中朝之清選」。② 皆由皇室任命近臣兼領或由他官陞任。順帝至正二年（一三四二），王士點、商企翁二人受命編集《秘書監志》。

王士點，字繼志，東平（今屬山東）人，出身文學世家。父王構，字肯堂，史書稱「少穎悟，風度凝厚。學問該博，文章典雅」。③ 二十歲時，就以辭賦入選，深得參政賈居貞賞識，來至京師。至元十一年（一二七四），授翰林國史院編修官。南宋滅亡後，與李槃同受命至杭州取三館圖籍、太常天章禮器儀仗，歸於京師。十三年秋，還應奉翰林文字，陞修撰。歷任吏部及禮部郎中、太常少卿、淮東提刑按察副使、治書侍御史等官。成宗時由翰林侍講爲學士，纂修《實録》，後又任參議中書省事、

① 見本書卷一《職志》，及《元史》卷九〇《百官六》，中華書局，一九七六年。
② 見本書卷九《題名》。
③ 《元史》卷一六四《王構傳》。

濟南路總管。武宗即位，以纂修國史，趣召赴闕，任翰林學士承旨。至大三年（一三一〇）以疾卒，年六十六。① 王構歷事世祖、成宗、武宗三朝，熟悉入元以來的臺閣典故，多位帝后謚册册文皆出於其手。最著名的如「太祖皇帝加上尊號册文」「世祖皇帝謚册文」，詔書如「成宗繼位詔」等。朝廷每有大議，必向他咨詢。他還著有《修辭鑑衡》一書。② 士點兄士熙，仕至中書參政，卒官南臺御史中丞。士點與弟士然爲王構晚年所生。起初士點於文宗朝爲通事舍人，以「有見聞，可助撰録」，預修趙世延、虞集等主持的《經世大典》。至正二年（一三四二）四月，奉命與著作佐郎商企翁編撰《秘書監志》。在此期間，士點自翰林修撰，以承務郎陞秘書監管勾。他又曾任淮西廉訪司僉事、監察御史、四川廉訪司副使等職。爲人剛正不阿，曾彈劾集賢大學士吴直方躐進官階，奪其宣命。至正十八年（一三五八）卒。另著有《禁扁》一書。

商企翁，字繼伯，曹州（今山東菏澤）人。祖父商挺，字孟卿，號左山老人，元憲宗時應忽必烈之詔至鹽州（今陝西定邊、寧夏鹽池一帶），「召對稱旨，字而不名」。後任關中宣撫副使。憲宗死後，

---

① 袁桷《翰林承旨王公墓誌銘》作「六十有六」，見張金銚校點《元文類》卷五二。《元史·王構傳》則作：「以疾卒，年六十三。」

② 見吴禮權著《王構》一文，收録於濮之真主編《中國歷代語言學家》，上海文化出版社，二〇〇四年，第一九五至一九九頁。

與張文謙等密贊忽必烈繼汗位。至元元年（一二六四），拜參知政事，後陞樞密副使。二十五年卒，年八十。商挺曾與姚樞、竇默、王鶚等纂《五經要語》，凡二十八類以進。商挺兼有文武之才，有詩作千餘篇，尤其擅長隸書，史書稱「時人銘其先世者，以不得公書爲未孝」。① 據説商挺有一子名璹。至元十七年，安西王府相趙炳被殺，朝廷懷疑有人暗害，事情牽涉商挺及其子商璹，但最終得到昭雪。遺憾的是，文獻中有關商璹的事跡記載很少，不詳他與企翁是否爲父子關係。企翁出身於這樣的家庭，其成長過程必然和皇室有密切的關係，他也很好地繼承了家學。早年爲國子監貢士，至正元年（一三四一）閏五月自翰林國史院典籍官、以承事郎任秘書監著作佐郎。

作爲本志的編撰者，王、商二人有幾個重要的共同點。首先，他們均爲名門之後，兩個家族都是世祖以來各朝的參與者及親歷者。從他們祖輩起就追隨元世祖，輔佐其建立帝業、完善各種制度，功勳卓著，深得皇室信任，二人的成長經歷自然也和皇室關係密切。其次，二人均繼承家學，有很高的文學修養，並熟悉各朝典章制度及沿革經緯。此外，二人均於秘書監任職，由他們擔任本書的編撰者是很適合的。編撰《秘書志》的緣起，從本書卷首關文來看，提議人爲秘書監丞、奉議大夫王道。據本書卷九《題名》的「秘書監丞」所記：王道，字道一，蠡州（今屬河北）人。某大夫子，起家直省舍人，至正元年二月由大宗正府左右司員外郎、奉議大夫陞秘書監丞，至正二年五月又轉中書兵部員外郎。

---

① 見蘇天爵《元朝名臣事略·參政商文定公》。

他向秘書監提議，本監地位清高，爲「掌天文讖緯，版籍圖書，所以供御覽而資聖德」的機構，「然而題名尚未有碑，沿革尚未有志」，不免有些缺憾，希命所屬官員負責編寫本監志書，以期「百世之下，有所稽考」。提議得到秘書監批准，並命王士點、商企翁二人負責編撰。關文中未出現中書省等高級機構或官員的批示，也未見與六部等相關平行官署間移文，似乎編撰此書僅爲秘府内部的事務。

二

《秘書監志》十一卷，内容分爲職制、禄秩、印章、廨宇、分監、公移、什物、紙劄、食本、公使、守兵、工匠、雜録、纂修、秘書庫、司天監、興文署、進賀、題名等十九門，自世祖至元以來元秘書監的設立、執掌、建制沿革、官吏遷除、典章故事等無不具載。還對司天監及興文署兩個機構的事務做了詳細的記録。從結構上，本書内容可分爲三個大部分。一、卷一至卷七保留了自元世祖至元十年（一二七三）設立秘書監至順帝至正二年（一三四二）間相關聖旨、令旨及秘書監與各級官府間行移公文一百八十七道；二、卷八則收録世祖至元三十年至順帝至正二年間大臣所上賀箋、賀表等四十八件；三、卷九至卷十一爲職官題名，即秘書監歷任各級官員吏屬的詳細名録，按照品秩從高到低，任職時間由先及後排列，條理清晰，還包括了很多官員的籍貫、出身等詳細信息。

有關《秘書監志》的史料價值，向來爲學界所重視。清代朱彝尊嘗根據本書辨證吴鄹即張應珍，以大德九年改名，歷仕秘書少監，並非宋朝遺民。從而訂正了《吉安府志》之誤。① 本書中公文部分是地道的第一手材料，具有重要的歷史學、文獻學乃至科技史、中外交流史、語言學等多領域的研究價值。很多内容唯本書所獨有，具有不可替代的獨特性。且每一卷乃至每一門都可獨立成篇，都是研究相關問題的詳細可靠資料。以卷四《纂修》爲例，詳盡記載了來自東西方各民族學者、科學家通力合作編撰《元一統志》的全部過程。從西域人扎馬剌丁提議起，大到收集舊圖、遷調官員、保舉人才、制定編纂體例及凡例、官員俸禄，小到裝褙物料、紙張、用具、書寫人，以及編纂過程中産生的矛盾等等，無不備載，是有關元《大一統志》的最詳備史料。又如，《元史》卷二一《成宗四》大德七年三月條載：「戊申，(小)〔卜〕蘭禧、岳鉉等進《大一統志》，賜賚有差。」對此，本書有詳細記載，可補其不足：

> 大德七年五月初二日，秘書郎呈：奉秘府指揮，當年三月二十日②，也可怯薛第一日，玉德殿内有時分，集賢大學士卜蘭禧、昭文館大學士秘書監岳鉉等奏：「秘書監修撰《大一統志》，元欽奉世祖皇帝聖旨，編集始自至元二十三年，至今才方成書，以是繕寫總計六伯册，一千三

---

① 見本書四庫本提要。朱彝尊(一六二九至一七〇九)，字錫鬯，號竹垞。秀水(今浙江嘉興)人。詩人、詞人、藏書家，博通經史，曾參加纂修《明史》。

② 二十日，原誤作三十日。

百卷進呈。」〔欽奉〕①御覽過，奉聖旨：「於秘府如法收藏，仍賜賚撰集人等者。」欽此。②與《元史》的短短數語相比，本書不僅記載了當天奏事的怯薛輪值日、地點，以及志書編輯開始時間、册數、卷數，還提到志書由秘書監收藏和管理。足見本書價值之高。

其他各卷涉及的官制、禄秩、印章、廨宇、公移、司天監等等，都具有相應的重要價值，也可與其他文獻相驗證。以下試舉一例，係本書卷三《公移》中的一條公文〔引文中（）號爲删除的原文，〔〕爲補正的内容〕：

至元二十二年七月，本監准中書吏部關：

承奉中書省判送，秘書監呈：「奉中書户部劄付，爲起移官吏事。除外。議得，舊例與翰林院往復平牒，太常寺、留守司平關。雖奉户部劄付，未曾承奉都省明文與六部如何行移。」奉都堂鈞旨：「送吏部，依例施行。」奉此。移准禮部關，照得，近奉都省劄付：「欽奉聖旨節文：『六部陞爲（三）〔二〕③品，其餘二品衙門咨（文）〔部〕④，三品以下申部。』」以此本部議擬，呈准

① 欽奉，據倉聖本、四庫本補。

② 見卷四「進呈書志」條。

③ 二，原作三，諸本均同，皆誤。據《元史》卷一三《世祖十》載，至元二十二年春正月，「陞六部爲二品」。夏四月，「改六部依舊爲三品」。本條所記正爲此間事。

④ 部，原誤作文，據文義及倉聖本、四庫本改。高本已校。

與本次敘述主題無關的内容，有的則是對公文行移過程或環節的省略。從記載的内容來看，與其他同類文獻如《元典章》《通制條格》等比起來，本書不僅内容往往更爲詳細，而且在理解公文行移過程等方面，也會提供一定的幫助。這是本書的一個優點。

如本書卷二《禄秩》「官吏俸米」條内容與《元典章》卷一五《户部一》「禄廪」項下「官吏添支俸給（大德七年）」條基本相同。①《南臺備要》「行御史臺官吏禄米」條亦有收録。②各書所記角度不同，詳略各異，多處可互爲補充。《元典章》以詔條頒布全國的角度，記録了公文内容及決策的過程。《南臺備要》則是以行御史臺的角度記載的，僅保留了公文的後半部分，文後附録行御史臺各級官吏應支俸米的一覽表。而本書雖是以秘書監角度記載的，但不僅公文内容及決策過程部分詳於《元典章》和《南臺備要》，又列出本監所有官吏添支禄米的明細。所以閲讀本書的記載，更容易把握此次（大德七年）爲官吏添支俸米決定出臺的來龍去脈，進而了解元代公文行移之體例（參見本書正文部分）。這樣的情況還有很多。

由於《元史》等文獻中對官員任職秘書監的經歷很多忽略不記，所以《題名》部分也可補這一

① 參見陳高華、張帆、劉曉、党寶海點校《元典章》，中華書局、天津古籍出版社，二〇一一年，第五四六至五四七頁。

② 見王曉欣點校《憲臺通紀（外三種）》，浙江古籍出版社，二〇〇二年，第一七一至一七三頁。屈文軍新點校《憲臺通紀（外三種）》，華夏文化藝術出版社，二〇〇六年，第一〇六至一〇七頁。

部分史料的不足。元代有一名醫韓公麟(字國瑞),歷世祖、成宗、武宗、仁宗各朝,官至昭文館大學士、資善大夫、太醫院使,曾承世祖之命與羅天益等二十人補修《本草》。此人事跡在《元史》中不見蹤影,在本書中則有明確記載,他於仁宗皇慶二年正月十三日自僉太醫院事,以奉議大夫任秘書卿。①

通過研究《秘書監志》,還可讀出一些史文未明説的「言外之意」。秘書監官員的任命爲「中朝之清選」,而太子具有很大權力,可任命秘書監的一般官員乃至長官。書中可看到太子真金如日中天的身影,有他不經由皇帝,直接任命秘書監高級官員的記載。如至元十四年直接傳令秘書監安置竇履(竇默之子)任秘書郎(見卷一「設秘書郎」條)。潞州長子(今屬山西)人宋衜(字弘道),於至元十六年受「太子以耆德召見,應對詳雅,大愜睿旨,自是數蒙召問,侍講經幄,開諭爲多」。②可見他是太子的親信。至元十八年太子傳命阿合馬,添設宋衜爲秘書監,並且俸錢比扎馬剌丁等人要多一些,又於三月初三日授太中大夫。此命傳達過程中未見皇帝忽必烈頒布聖旨,是以太子令旨直接任命的(參見卷一「添設秘監」條)。此外也有仁宗爲太子時任命秘書監官員的多次記載。《元

① 韓公麟事跡詳於蘇天爵《滋溪文稿》卷二二《資善大夫太醫院使韓公行狀》。見陳高華、孟繁清點校《滋溪文稿》,中華書局,一九九七年。

② 《元史》卷一七八《宋衜傳》。

史》記載，至元二十四年春再立尚書省，時桑哥大權在握，世祖命阿魯渾薩理與之共事，「（阿魯渾薩理）固辭，不許，授資德大夫、尚書右丞」。① 並未言及「固辭」的原因，而讀本書能知之更詳。實際情況是，再立尚書省之前一年，即至元二十三年，阿魯渾薩理已與扎馬剌丁共事，同掌《大一統志》的編纂事務，次年立尚書省後，世祖又命阿魯渾薩理任右丞。扎馬剌丁爲了「地理圖子底勾當疾忙成就」，於至元二十四年三月提出，阿魯渾薩理「受宣命尚書右丞，兼議秘書監地理圖本，實恐不暇」，況且他受命「議秘書監地理圖本」一事早於再立尚書省前，請求讓阿魯渾薩理專心負責秘書監事務。都省對此的批復是很含糊的，「欽依元奉聖旨，着緊編類，無至遲慢」（卷四「地理圖奏文」條）。而在至元二十四年五月二十四日，阿魯渾薩理在奏文中說：「畫地理圖本教我提調着有來，我根底省裏勾當委付了也。那勾當管呵，省裏勾當莫不耽閣了去也。」皇帝的批示是：「那勾當裏休行者。」（同前「提調地理圖」條）阿魯渾薩理和皇帝説的「那勾當」自然是指「提調地理圖」一事。從本書記載的這些細節來看，似乎自始至終是秘書監（扎馬剌丁）與尚書省（桑哥）之間的人才之爭，而阿魯渾薩理本人更傾向於尚書右丞之職。總之，本書的史料價值是多方面的。

---

① 《元史》卷一三〇《阿魯渾薩理傳》。

三

有關《秘書監志》的成書時間，比較保守的説法應是「順帝至正中」。①如前所述，本書篇首録有一道秘書監准監丞王道奉議的闗文，闗文末尾署有至正二年五月某日。但從秘書監的批示「仰移闗監丞王道奉議，依上提調。仍行下著作郎王士點承務、著作佐郎商企翁承事，依上編集，具藁呈監施行」來看，闗文末尾部分爲秘書監對監丞王道提議編纂秘書監志書（此時尚未定書名）請求的批復；同時還批示將此闗文傳達給王士點、商企翁二人，令他們負責編撰的任務。所以這個時間充其量可算作編書開始的時間，而不能作爲本書作成的時間。從本書目前傳世幾種本子的内容來看，可以發現一些問題，且與本書編纂有關。

首先是譯名未做統一處理。此類問題相當突出，在這樣一部篇幅並不大的專書中，非漢語名詞不僅全書未做統一，甚至在同一條公文中同名異譯、前後不一致的現象都很多。人名如前文提到的阿魯渾薩理，此人爲畏兀兒人，受業於國師八思巴，是一個很著名的人物，《元史》卷一三〇有

---

① 見四庫本《秘書監志》「提要」；高本「點校説明」，第二頁。有學者定爲「至正初」，未免偏早。參見洪一麟《〈秘書監志〉版本流傳及整理略論》，《元史及民族與邊疆研究集刊》第二四輯，二〇〇四年。

傳。在本書卷四「提調地理圖」條中，前作阿剌渾撒里，隨後作阿魯渾撒里，在別條中又作阿兒渾撒里。答兒馬失里，又作答兒麻失里；怯里馬赤愛薛有時又作海薛、也薛。世祖時期的速古兒赤伯顔又作白顔。秘書卿忙古歹又作忙古台，失剌又作式剌。在卷一「減員」條中，畏兀人左丞阿禮海牙又作阿里海牙。在「設司徒府」條中，守司徒火魯火孫又作忽魯火孫，在別處又作霍兒霍孫。同卷「設司徒府」條中的必闍赤撒里蠻、脱里察安，分別與隨後「罷司徒府」條中出現的撒兒蠻、脱兒盞應是同名異譯。甚至有的漢人人名也未作核對。如卷一中出現的秘書少監張景源，在卷九中作張景元。有潭州湘潭人張康，字汝安，號明遠，①在卷十「著作佐郎」下誤列出張明遠、張康二人。卷三《雜録》門「監官到任畫字」條中，延祐三年九月由少監陞爲太監的馮僧兒，在卷九中又作馮慶。且底本（鈔本）和四庫本、倉聖本均如此，説明這些問題很可能原書中就已存在。

其次是目録與正文未能作細緻統合處理。從全書編纂的體例來看，本書起初的體例與《元典章》相似，即目録小題目與正文中的具體公文是對應的，但是這個初衷並没有貫徹。目録中有一些小題目在正文中無對應的公文。如卷四《纂修》，書前目録中列有「出身（大德四年）」、「秘書志（至正二年）」，但在正文中缺乏與之對應的公文内容。而有的公文正文中有但又缺目録。如卷三，書前《食本》門目録下列出了「食本（至正元年）」條，但對另一條「至正二年」有關營運錢借使公文的内

① 見《元史》卷二〇三《張康傳》。

容則未列出。還有的雖然目録中小題目與正文中的公文都存在，但順序則是錯亂的。如卷一《職制》「設通事（至元二十四年）」條目録在「添設知印（至大元年）」條後，正文卻在「添設令史（至元二十四年）」條後等等。

其三是遺漏頗多和體例不一。以記載秘書監官員名録的卷九至卷十一爲例，就遺漏很多官吏的名字。如國信使趙良弼曾爲秘書監，答蘭官至秘書卿提調別吉太后影堂祭祀。① 卷九「秘書郎」條目載「張引，字惟遠，濟南人，至元三年三月二十五日用其父御史中丞養浩廕上」，但漏載養浩本人曾爲秘書少監事。② 大德十一年四月，仁宗曾命苫思丁替代一位吴少監任少監，這位吴少監是何許人，書中没有交代。孛朮魯翀之子遠（字朋道），曾「以翀蔭調秘書郎」。③ 又如何榮祖之子惠死於秘書少監任上，霸州文安縣人趙師魯之父趙趾也曾爲秘書少監。④ 温州樂清人李孝光，至正七年以秘書監著作郎召，次年陞秘書監丞。⑤ 可以説不勝枚舉。下級官吏遺漏更多。書中還多處留有空白，如卷二「設司徒府」條前空有十一行，卷三「食本」門中空八行。連同前文所述有目録卻無正文

① 見《元史》卷二〇八、卷四四。
② 見《元史》卷一七五《張養浩傳》。
③ 見《元史》卷一八三《孛朮魯翀傳》。
④ 見《元史》卷一七六《趙師魯傳》。
⑤ 見《元史》卷一九〇《李孝光傳》。

等來考慮，這些空白處可能是原計劃編輯的内容未及録入。後三卷《題名》中也有很多空白處，有的是籍貫，有的是官名，有的是時間，有的甚至只列出人名或姓氏。這些情況應是初稿時未能寫入造成的，直至最後也未能補上。不過也有一些明顯是後補入的，如有人的籍貫被附在最後，顯然是起初因不詳没有編入，後來找到材料補加的。從本書編纂所使用的材料來看，前八卷的時間下限爲至正二年，但卷九至卷十一則遠遠超出了這個時限。

很可能的情況是，從至正二年王道提議並獲得秘書監批示起，本書的編纂斷斷續續經歷了很長時間，直至元末，甚至全書似非定稿。這也可能是没見刻本的原因。從篇首關文來看，雖爲官修，但似乎未得到中書省及六部等機構的支持，而且提議並提調本書編纂的重要人物王道於至正二年五月就轉爲兵部員外郎。這些因素可能對本書編寫的進程産生了一定的影響。

四

本書歷來以鈔本傳世，早期有楊士奇等撰《文淵閣書目》著録：「《元秘書志》一部六册，闕。」①錢大昕《十駕齋養新録》卷一三「秘書志」條載：「元秘書志，四册，承務郎秘書監著作郎王士點、承

① 楊士奇等編《文淵閣書目》，叢書集成初編本，中華書局，一九八五年。

事郎秘書監著作佐郎商企翁編次。凡十一卷，分門十九……前有至正二年五月公文一道，計二百六十五葉。」清代以來書家多有收藏和著録。《中國古籍總目·史部》録有各地藏本，轉録如下：《秘書志》三卷，清抄本（清張穆跋），上海；《秘書志》十一卷，清抄本：國圖、上海（清季李賡芸跋）、浙江、大連（清吴騫校并跋）、臺圖；四庫全書本；清同治六年劉履芬抄本（清劉履芬跋并録清吴騫校跋），南京；抄本，北平；廣倉學宭叢書本。以上所録中「北平」本應即「陸心源捐贈國子監本」，洪一麟稱在南圖見到過膠卷。① 臺灣文海出版社出了影印本，學界一般稱「鈔本」。「廣倉學宭叢書本」一般稱「廣倉本」。

此次整理以「鈔本」爲底本，參校以「倉聖本」和「四庫本」，另外參考了高榮盛先生據「廣倉本」作的點校本（以下簡稱「高本」）。

「鈔本」。一九八四年，臺灣文海出版社影印出版《秘書監志》，書中有「光緒戊子湖州陸心源捐送國子監之書匱藏南學」之印。② 十一卷，抄寫工整，每半葉十三行，每行二十字。行款格式保留元代特點，如「聖旨」「皇帝」「上位」「皇后」頂格抬，「宣命」「嘉禧殿」「奏」等字單抬，雖有個别處不很規範和嚴格（可能爲後人抄寫時所致），但基本能體現出自「元刊本」的痕跡。據陸心源《儀顧堂題跋》

① 參閲洪一麟《〈秘書監志〉版本流傳及整理略論》。
② 見第七二、七三、一六九、二四四、二四五頁。

卷四《影元鈔秘書志跋》：「《秘書志》十一卷……前有文移，影寫元刊本，所記皆元秘書省典故，分十九門……『聖朝自開國以來』云云，與第五卷第十頁有複羼，卷七、卷八有缺文，惜無別本可以校補。」①所記與今鈔本相合。此本内容最全，錯誤亦相對較少，尤其是第九至十一卷，明顯優於筆者所見他本。如陸氏所言，該本的一個問題是第四卷與第五卷若干頁内容倒誤（影印本第一三一頁倒數第二行「比料」以下應接第一五六頁倒數第五行「實用」，第一五六頁倒數第六行「以爲盛事」以下應接第一三一頁倒數第一行「聖朝」），但内容未見缺失。不過據王國維「倉聖本」題記，其祖本「拜經樓舊藏」也存在同樣的錯葉，看來更早的本子中就已存在這個問題（唯四庫本不誤，見後文）。如後文所述，此本並非出自倉聖本系統。另外，「鈔本」還有一個特點，即有人已做了部分的訂正和勘誤，如對一些誤字、衍字點滅，顛倒字加了標記，脱漏字用小字補出等。不知是抄後的校對抑或有人做了初步校勘，但其中有不少是正確的。

「倉聖本」。此本係廣倉學宭叢書一種，於民國五年由倉聖明智大學刊印。書後附吴騫、劉履芬、唐翰、王國維等人題記。據諸人題記可知，拜經樓主人吴騫於丙寅年（一八〇六）五月委托陳仲魚於吴中購得一部《秘書監志》（以下簡稱「拜經樓舊藏本」），「與（錢大昕）《十駕齋養新録》所載悉

---

① 引自《儀顧堂書目題跋彙編》，馮惠民整理，中華書局，二〇〇九年，第七二頁。

同，惟葉數《養新録》共二百六十五葉，而此計二百六十八葉」。① 陳仲魚照録一部於紫薇講舍（簡稱「陳仲魚照録本」）。同治丁卯年（一八六七）七月，劉履芬用八天時間又手抄一部，前有至正二年公文，後録吴騫跋及劉履芬、唐翰手書二跋，每半葉九行，每行十六字（簡稱「劉履芬手抄本」），此應即南圖本）。王國維得到劉的抄録本後，「觀其行款……蓋後元刊本出也。書中四、五兩卷舊有錯葉，與目録不同。兔牀先生（指吴騫——引用者）舊校疑目録有誤……今既訂正，可爲此書善本矣」。② 這就是倉聖本的由來。倉聖本行款盡量保留了原書的體例。該本還有一個優點，即有多處用□留有空格。如卷四《纂修》「照勘飲食錢（至元二十六年）」條中，有一句鈔本和四庫本作「擬於府州教授似爲相應」，顯然文義不通，似有脱文。而在倉聖本中留有三個□，作「擬於府州教授□□□似爲相應」。通過理解整條公文内容，似可訂補「内選用」三字，整句作「擬於府州教授（内選用）似爲相應」。則變得文從字順。此類空格不知是王氏所據之本原有，或是王氏發現語句不通後適當空出。從鈔本和四庫本都不存在來看，不排除是王氏所爲。不過王氏未見到四庫本，因以上兩本中的錯葉在四庫本中是不誤的。

「鈔本」與「拜經樓舊藏本」系統（包括「陳仲魚照録本」、「劉履芬手抄本」及「倉聖本」［已經王國

① 參見後文附吴騫題記。

② 參見後文附王國維題記。

維訂正」)，有一個共同點，就是均有前文多次提到的卷四與卷五的錯葉，可以統稱爲「有錯葉本」。①它們應有一個早期就已造成錯葉的共同的祖本。② 而「倉聖本」與「鈔本」相比，確有不少共同的訛誤。較明顯的，如卷一「添設監丞」條中有十九字「委付了這兩个根底在前管着的勾當根前依舊」整行衍抄，「爲革罷司徒府事」條本應另起行，卻與前一條連寫。但還有更多「倉聖本」誤而「鈔本」不誤之處。如「倉聖本」卷三「紙劄」門「至元十二年」條以下有約一頁多内容錯葉；卷五從「裕廟書籍」條中「前去」以下至「仁廟書籍」條「八海怯薛第三日」爲止，約有一整頁内容缺失。卷九至卷十一「倉聖本」比「鈔本」缺失更爲嚴重。如此多的問題，很難想象是劉、王二人造成的，很可能是他們所據之本（「劉履芬手抄本」及「拜經樓舊藏本」）已大致如此。所以，「鈔本」與「倉聖本」雖然有一個早期「有錯葉」的祖本，但它們之間並無直接的傳承關係，且相互間有很多不同之處，可以相互校勘。「倉聖本」是經王國維整理「劉履芬手抄本」後，目前所見第一個刻本，但王氏未見到無錯葉本的「四庫本」，所見「錢唐丁氏本」亦與「劉履芬手抄本」相差無幾。所以他可能僅根據目録訂正了錯葉部分，未及作細緻校勘。

「四庫本」。據《四庫全書總目》載：「《秘書監志》十一卷，編修汪如藻家藏本。」四庫本所采用

---

① 另外吴騫提到的一種「三吴藏書家本」，王國維提到的一種「錢唐丁氏本」，均有錯葉。

② 王國維在倉聖本題記中認爲「其錯亂蓋自元本已然」，恐非是。見本文以下「四庫本」部分。

的底本很可能就是此本。此本題「《欽定四庫全書》史部秘書監志一二」，書前附紀昀等人提要一篇：「《秘書監志》十一卷，元王士點、商企翁同撰……書成於順帝至正中……乾隆五十四年□月。」每半葉八行，每行二十一字。缺書前王道的闕文和全書目録，對書寫格式和所有非漢語詞彙做了改變。此本的一個優點是書寫工整，特别值得一提的是没有鈔本和倉聖本底本的錯葉，可作爲糾正此問題的很好依據。此外，四庫本對校勘卷八「表箋」部分也很有幫助，卷九至卷十一《題名》部分很多處優於倉聖本，個别處甚至可補鈔本。不過該本也偶見缺失，如卷四《纂修》「地理奏文（至元二十三年三月初七日）」條中，鈔本、倉聖本均載有三條奏文，四庫本則缺失一條。總之，雖然不能完全肯定四庫本所用底本就是汪如藻家藏本，但可以推測其所用底本應是一個較好的本子，與前兩種淵源不同，且有許多優點，值得重視。

另外，國家圖書館藏有一種清鈔本（簡稱「國圖本」），二〇一二年以「中華再造古籍善本」影印出版。二册，每半葉八行，每行二十一字，無格。書前有「鐵琴銅劍樓」「北京圖書館藏」朱印。可知此本原爲瞿氏鐵琴銅劍樓家藏。其行款格式模仿四庫本，非漢語詞彙的改譯幾乎與四庫本完全相同。但與四庫本不同的是，有卷四和卷五之間的錯葉。且凡四庫本誤處該本皆誤。如卷二「吏屬添俸」條末三行，四庫本僅有「令史、典書奏差、公使人」等吏屬的名稱，其下俸錢數及本次所添數則缺失，「國圖本」與此完全相同。推測可能是一部依據某種有錯葉的鈔本並仿照四庫本的再抄本。故在有四庫本的情況下，校勘意義已不大。坊間也流傳幾種四庫本的再抄本，自然已失去校勘的價值。

一九九二年，浙江古籍出版社作爲《元代史料叢刊》之一，出版了高榮盛先生的點校本《秘書監志》，高先生依據的底本爲「倉聖本」，書前加「點校説明」，介紹了版本情況和點校原則等，並且重新編製了目録，做了大量的校勘記，爲學界使用提供了很大便利。「高本」出版於三十餘年前，現在已很難見到，作爲該書的第一部點校本，篳路藍縷，功不可没，也爲下一步的補充整理奠定了堅實的基礎。高老師得知我重新整理該書後，給予了熱心的鼓勵和大力支持，將手頭僅存的一部點校本寄贈給我，在電話中特别叮囑原點校本中存在的一些問題，還提出了很多建設性意見，在此表示由衷的敬意和感謝。

五

本書的主要部分即前七卷，絶大多數是用所謂的「硬譯公牘文體」記載的。① 這也是標點和校勘的重點和難點。對一些特殊詞彙、句式的用法和含義如何理解，公文在各官府或官員之間行移的次第，以及如何釐清公文中各衙門或官員所述或説話内容等等，都是需要關注的。筆者以爲，需

① 硬譯公牘文體，這一名稱是由亦鄰真先生提出的，並就該文體作過深入系統的研究。見所著《元代硬譯公牘文體》，收録於《亦鄰真蒙古學文集》，内蒙古人民出版社，二〇〇一年。

關注的詞彙可大致分爲以下三類。（一）當時北方漢語的俗語詞，多數今已不用；有的雖用，也與今義不同。如：別个（其他）、怎生（如何）、不揀（不論）、勾當（公務）、小名（名字、職務）、一處（一同）、伴當（夥伴、同僚）、替頭（代替）、可憐見（垂憐、慈悲）、相應（妥當、合適）、便當（合適、合理）、文書（公文）、理會（知曉、掌管）、爲頭（爲首）、時分（時候、時期）、好生（好好地、極其）、指例（指以爲例）、但是（凡是）、些小（很小）、就便（隨即）、生受（艱難、痛苦）、借使（借用）、一面（單方面、任意、擅自）、開坐（開列）、下次（下級、低級）、相參（相互交叉）、代替（替換）、仰（望、請）、恁（你、你們）、俺（我、我們）、與（給予、賜予）、係官（屬官府的）、希罕（稀奇）、合行（應當）、着緊（盡快）、上位（皇帝）、節次（接連）等等。（二）公文體式專用術語詞，用於接受皇帝、太子等人命令，及各級官員和衙門之間公文行移批轉時。如：聖旨、令旨、鈞旨、台旨、欽此、欽依、欽授、祗受、敬此、傳奉、特奉、呈奉、奉此、準此、得此、劄付、關、牒、指揮、判送、議得、照得、照驗、議擬、參詳、看詳、呈、來呈、呈乞照詳、連送等等。（三）有很多從蒙古文原文硬譯的詞，來自蒙古語的一些附屬詞、格、語氣、時態等。如：上頭、一般、根底、裏、麼道、呵、者、也者、來、了來、了也、有、有來等等。公文有一些較爲固定的句型，有的屬於公文程式。如：奉……聖旨，奉……鈞旨，奉……劄付，奉……判送，奉……台旨，奉……指揮，準……關，準……牒等。有的是受蒙古語原文句式的影響形成的，有蒙漢雙語雜糅的現象。如：爲（因）……上頭，因……緣故，若……相應，……呵……一般，除……外。比較難理解的是帶有引語内容的部分，公文中常用「麼道」作爲標記，表示此前内容爲引語。皇帝的話較好理解，因多數情況下都爲「那般者」，稍微複雜時，句末也多有命令語氣的「者」字。但官員的話比較難把握從何處開始到何處結束。正常情況下，如中書省等奏事時，開始前有「奏」，結束時用「奏將來」。某人説話時，前用「説」，結束時用「説將來」。但實際上往往會有省略，需要通過理解整段公文來釐清。此外，「麽道」前有時是直接引語，有時是間接引語。標點時，對前者應用引號括起，而對後者則不宜用引號。

如前所述，對「硬譯文體」公文標點是有很大難度的。公文在不同層級官府間反復行移傳遞，又常夾雜多人的批示、意見等。這種複雜的情況，用通常的標點方法很難達到理想的效果，過度使用標點又會産生一定副作用。所以歸根結底，關鍵還在於了解元代在處理公務方面的機制和過程。有關公文行移的次第，就秘書監來説，通常情況下由秘書監根據公事内容移文六部中某部，某部議擬呈中書省（必要時請示皇帝，或又下、移別部），中書省批示返給相關部，再轉給秘書監（個別情況下，也有秘書監高級官員直接上奏皇帝或請示中書省等部門）。由於秘書監公務不很複雜，涉及的衙署不多，最爲密切的爲禮部和兵部，其次是户部、吏部。不出意外的話，公文最終的歸着處一般都是秘書監，只要理清中間環節，整個行移路徑也不難把握。通過對以下卷三「典簿印」條的分析，可了解秘書監日常與相關部門間公文行移的基本模式。

大德十年九月，准中書禮部關：

奉中書省判送，本部呈，准秘書監關，「本監典簿并秘書郎闕印。」本部移准吏部關：「照得，秘書監陞爲正三品，典簿從七品，秘書郎正七品級。」鑄印局申：「檢照不見秘書郎印例，於黑印簿内照得典簿印，俱係從七品。上項印信俱未鑄給。」議得：「秘書監典簿等，今既照勘，准設品級，印例明白，合准本監所擬，鑄造發付行用相應。」具呈，奉都堂鈞旨：「秘書郎設置已久，不須降印外，據典簿印信，送禮部依上施行。」

本條公文整體是秘書監收到禮部的關文，但從開始到結束過程的行移路徑看，則又起始於秘書監。即秘書監爲典簿和秘書郎鑄印一事關文中書禮部，禮部接受後，先移文吏部請求確認典簿和秘書郎品級，吏部反饋禮部：「典簿從七品，秘書郎正七品級。」禮部又下所屬刻印消印的機構鑄印局，令檢照「印例」情況（本條中此環節省略未記），鑄印局接到指令後檢照回申：「不見秘書郎印例，於黑印簿内照得典簿印，俱係從七品。上項印信俱未鑄給。」禮部根據照勘的結果，提出意見，擬同意秘書監的申請，即給典簿及秘書郎鑄印。然後連同三部門的意見上呈中書省。都堂批示給禮部：秘書郎不給印，典簿給印。最後，禮部又將結果回關秘書監。

標點方面，因「准中書禮部關」以下整體内容爲秘書監收到禮部的關文，采取改行方式加以區別。中書省、本部（禮部）、秘書監之間的「判送」「呈」「關」屬於有序行移傳遞（雖然公文中采用倒序記録），故只用逗號，不再過多使用引號。涉及具體部門的直接引用内容則按常規用引號。比如秘書監請求禮部照擬的内容「本監典簿并秘書郎闕印」。

有一部分公文屬於較高級官府或官員上奏皇帝的，這類公文也具有一定特點，在《元典章》《通制條格》等同類文獻中也很常見。不過,《元典章》等文獻往往省略較多,多數情況下同類公文在本書中的記載更爲詳細。筆者前文也曾提到,本書對理解元代公文有一定幫助。解讀這類公文可以關注一些要點。如卷三「泉府作秘書監」條:

至大四年六月二十五日,准中書禮部關:

奉中書省劄付,至大四年五月十二日,月赤察兒太師怯薛第三日,吾殿西壁火兒赤房子裏有時分,〔對〕忽都魯都兒迷失學士、九耀奴等有來,李平章、察罕參政、回回參議、禿兒哈帖木兒參議、忽都不花都事等奏過事内一件:「泉府司併入户部了也,將那廨宇教做秘書監呵,怎生?」奏呵,奉聖旨:「那般者。」欽此。都省:合下,仰照驗施行。奉此,關請照驗。

此條也是秘書監收到禮部的關文,這裏主要討論奏文的部分。幾個要點,(一)時間:包括兩個部分,即曆日時間「至大四年五月十二日」;怯薛輪值日時間「月赤察兒太師怯薛第三日」。(二)地點:「吾殿西壁火兒赤房子裏」。(三)人物:也包括兩部分,在場人員「忽都魯都兒迷失學士、九耀奴等」;奏事人員「李平章、察罕參政、回回參議、禿兒哈帖木兒參議、忽都不花都事等」;(四)奏事内容:「泉府司併入户部了也,將那廨宇教做秘書監呵,怎生」。(五)結果:皇帝批示「那般者」,都省又批示禮部「合下,仰照驗施行」,最終禮部關文秘書監。公文中的一些特殊句式,或説一些標記性的詞語也是值得關注的。比如在場人員,他們一般是怯薛人員,或常在皇帝身邊的大臣或内官,在場起到見證人的作用。對他們記載時,公文中采用較爲固定的「對……有來」的方式。不過需注意的是，許多情况下會有省略，有時略去「對」，有時則略去「有來」。本條原文「對」字就是省略的，爲筆者所加。由於留下來的公文常常有所省略（有些也可能是傳抄脱漏所致），給我們的解讀增加了難度。這些省略，在當時的官吏看來或許是無關緊要的，不會造成誤讀，但我們現在只能作一番歸納分析來理解。所以理解何處省略了什麽内容，是徹底解讀公文的關鍵之一。

從校勘方面來説，本書的脱衍訛誤極多，有的是抄寫者馬虎大意致誤，有的是字音相近、字形相近致誤，還有不少在抬頭改行之處的誤漏，但更多的是因抄寫者不諳公文體式及特殊文體導致的。有的訛誤雖然各本同時存在，但參考相關文獻，訂正不是很難。如「不揀」誤爲「下揀」；「（以）〔似〕難議擬」原誤「似」爲「以」；「上位〔根底〕奏呵」，「奏」字前漏「根底」二字；「（經）〔徑〕直呈省」，原誤「徑」爲「經」；「我雖在省〔裏〕行呵」漏一「裏」字；「元關紙劄不敷，（令）〔乞〕添支事」，原誤「乞」爲「令」；「如今又在前省裏有，麽〔道〕聖旨（每）〔有來〕」，漏「道」、「有來」，衍「每」字，等等。

但有的改正有很大難度，需理解公文特殊句式或整條公文後纔能補正。試舉幾例。如卷一「添設著作佐郎」條：「别个每也在意也〔者〕。」原脱「者」字。按「也者」連用，在句末表推測之意，常用於下級對上級提建議時。同卷「設秘書監」條：「〔説〕與趙大哥，寶先生的孩兒於秘書監定奪教勾當者。」原脱「説」字，語義全變。卷二「正三品印」：「秘書監官人每〔俺〕根底與文書。」原脱「俺」字。有了「俺」字，纔能理解爲秘書監官人給「俺」（即中書省官員）文書。卷一「添設監丞」條：「鑾子陰陽人陳春官根底教做少監，委付了。這兩个根底在前管着的勾當根前依舊（委付了這兩个根底在前管着的勾當根前依舊）教管着。」括號内爲衍文，抄寫者未諳文義導致整行衍抄。同卷「添設著作郎」條：「教入去（者）呵。」「者」爲衍文。同卷「設秘書郎」條：「謝制置（奏）他孩兒謝譯史教秘書監裏焦尚書根底一同收拾文書勾當呵，怎生。」原衍一「奏」字。謝制置與謝譯史爲父子關係，本意是其他官員上奏皇帝，讓其子到秘書監就職，若有「奏」字，則變成謝制置直接奏請皇帝。同卷「添設監丞」條：「扎馬剌丁漢兒陰陽人根底（体）（休教）管者。」原誤「休」爲「体」，又漏「教」字，倉聖本、四庫本又誤「体」爲「體」。「休教……者」爲一固定句式。

陳垣先生在《校勘學釋例》中提出對校、本校、他校、理校「四法」。並指出理校法爲最難，在前三法無法解決，「無所適從之時，則須用此法」，但「最危險者亦此法」。本書整理中遇到「無所適從」之處甚多，若有疑而置之不理，又未盡校勘之責，不得已時甘冒「危險」，勉力做些嘗試。只要在施以校勘之處保留原文，是否妥當，讀者可做出對比和選擇。

在本書整理過程中，得到楊曉春教授的無私幫助，楊老師幫助推薦出版社，還就版本等問題提出建設性意見。還得到内蒙古民族大學文學與新聞傳播學院院長郝青雲教授的大力支持。二〇二二年元史會期間，張曉慧等學者也提出了許多寶貴意見。上海古籍出版社胡文波先生、陳麗娟女士、喬穎丛女士在出版和編輯過程中付出了辛苦的努力。謹對以上學者和同仁表示衷心感謝。

由於本人水平有限，錯誤在所難免，請讀者批評指正。

凡例

一、本次整理以鈔本爲底本，以倉聖本、四庫本，及高榮盛先生的點校本（簡稱「高本」）爲參校本。

二、在原目録基礎上編製了新目録。將目録中小題目與正文對應内容一一核對，並添加於正文每條公文前，個别不對應的情況做了相應處理，有目無文的在目録中仍予保留。

三、對同名異譯、一詞多譯情況未做統一處理，盡可能在注釋中做勘同説明。「硬譯文體」句式中，發現有脱、衍、倒、誤的字詞語句作適當校勘，有省略但不影響文義的不做過多補充。

四、改動底本的部分，用（）表示删除，補正内容用〔〕表示，並在校勘記中略作説明。底本中已做改正部分，如已給誤、衍字點滅，顛倒字加標記，脱漏字用小字補出等，正確的直接采納，不再出注。

五、個别不常用的異體、俗體字適當改爲規範字體。如觔、斤統一爲斤，勑、敕統一爲敕。但保留了若干能夠體現版本線索的簡化字，如體和体等。

六、此次整理不僅進行了校勘，對校勘理由和一部分難解詞彙添加了注釋，給前七卷的每一條公文做了編號處理，卷八增加了細目。

秘書監准監丞王道奉議關文①

〔皇帝聖旨〕②裹，秘書監准監丞王道奉議關：「切惟古者外之郡邑，各有志乘；内之府寺，亦載箴規。所以紀其事之本末，官之去留，以相期於不朽而垂無窮也。近年各衙門〔公〕〔沿〕革有〔志〕③，〔題〕名有碑④，亦猶此意。切照本監秘府，即古木天芸閣，虎〔顧〕〔觀〕⑤□□，〔地〕⑥位清高，蔑可比倫。伏惟我朝混一區宇，開創百司，延及於□□□，□⑦掌天文讖緯、版籍圖書，所以供御覽而資聖德也。然自國初至今，積有年矣，是以上棟下宇，不無摧朽，公聚期會，相顧寂寥。至正元

---

① 原書無此行題目，據高本加。

② 皇帝聖旨，原無此四字，據倉聖本補。四庫本不録此關文。

③ 沿革有志，沿原作公，據倉聖本改。按元代習用沿字，失三點水誤爲公。志字原闕，據倉聖本補。

④ 題名有碑，題字原闕，倉聖本空一字，據文義補。

⑤ 觀，原作顧，據倉聖本改。

⑥ 地，原空一格，據文義補。

⑦ 據倉聖本此處空四字。

年夏，欽奉宸音，賜以楮幣，及蒙中書加修葺，遂俾輪奐，睹①翬飛之美，官僚佩公食之需，天朝之待秘監可謂優矣。然而題名尚未有碑，沿革尚未有志，此非所謂缺典歟？合無行下屬官，依上編集，庶乎百世之下有所稽考。區區管見，不能自默。」准此。仰移關監丞王道奉議，依上提調。仍行下著作郎王士點承務、著作佐郎商企翁承事，依上編集，具藁呈監施行。

至正二年五月　日　令史王遺直承

權典簿劉鶚

印　押　押沿

初三日

① 中書……睹，疑有脱字。

目録①

① 本目録爲整理者在原書目録基礎上整合正文重新編製的。爲便於利用，重編時將目録中的小題目與正文相應部分一一核對，並於正文内容前添加小題目。
② 此條小題目爲整理者所加。
③ 二十三年，原作二十二年，據正文及卷九「秘書少監」條目小序改。

① 十七年，原作十六年，據正文及卷九改。
② 本條與下一條「設典書」，正文缺。

① 十年，原作七年，據正文改。
② 歹，原誤作反，據正文改。

秘書志卷第三

① 正,原空一字,據文義補。
② 原目録在「毀經歷司印」後,據正文,依時間順序移此。

① 本條原在「分監」前，據正文移此。
② 此條原在「什物」後，據正文移此。
③ 本條小題目原無，整理者據正文内容所加。
④ 「泰定四年添一人」，正文缺。
⑤ 年，原作字，據正文改。

秘書志卷第四

① 二十三年，原作二十二年，據正文改。
② 播，原作番，據正文改。
③ 褙，原作褙，據正文及倉聖本、四庫本改。

秘書志卷第五

① 此條正文缺。
② 此條正文缺。
③ 延祐六年，原作至治二年，據正文改。

① 大德五年，據正文補。
② 竪，原作監，據正文改。

① 此條原無，據正文加。
② 至元十年，原作二十五年，據正文改。
③ 以上七字疑衍。

秘書志卷第九

① 此條正文缺。

② 此條原無，據正文補。

秘書志卷第一

職制

世皇觀天文以制曆①授時，觀人文以尊經化民，迺立秘書監。儲圖史、正儀度、頒經籍，設官有員，郎吏承授，以至司天興文之隸屬，廢置增損之歲月。録其故，俾來者考。

① 曆，原爲異體字厤，據倉聖本、四庫本改。此字後文多見，徑改，不再出注。

立監

001 至元九年十一月①，太保劉秉忠②、大司農孛羅③奉聖旨設立秘書監，從三品級。

官四員：

監二員從三品。

少監二員正五品。

吏屬六人：

令史二人

典書二人

奏差二人

---

① 至元九年十一月，爲兩位官員奉旨設監時間。《元史》卷八《世祖五》載立監日爲「至元十年春正月丁卯日」，當指正式成立時間。

② 劉秉忠，字仲晦，邢州人，初名侃，因从釋氏又名子聰，拜官后始更今名。《元史》卷一五七有傳。

③ 孛羅，蒙古人，世祖初期重臣，曾任御史中丞、御史大夫、大司農卿、樞密副使等職。至元二十年與愛薛等人出使伊利汗國，留居未歸。

陞正三品

002 大德九年七月十三日①，中書省奏：「秘書監官人每俺根底與文書，『俺的衙門自至元九年設立，定作從三品來，其餘監分即漸陞了有』麼道指例説有②。俺商量來，掌管禁書自前立來的，不比其餘衙門有。他每言語是的一般，依着别个監分體例陞正三品呵，怎生？」奏呵，奉聖旨：「那般者。」欽此。行使正三品銀印，劄付禮部鑄造，首領官知事改陞典簿。都省：欽依照驗。

---

① 十三日，本條相關内容在後文「設典簿」條及卷三「正三品印」條中又見兩次，中書省上奏日均爲「十三日」。《元史》卷二一《成宗四》大德九年秋七月條載：「癸丑……陞秘書監、拱衛司並正三品。」癸丑爲九日。又本書卷二「官吏添俸」條載：「大德十年七月十二日……秘書監元係從三品，今已陞爲正三品。」云云。

② 指例，即指以爲例，有攀比之意。《通制條格》卷二七《雜令》「兵仗應給不應給」條：「元貞元年十月初三日，中書省奏：『江浙省、南京省所轄的地面……這巡禁的新附軍每，無軍器的上頭……俺也商量來，不教其餘的指例與呵，怎生？』奏呵，奉聖旨：『與者，休教别个的指例者』欽此。」有時「指例」二字又分開用，如本書後文「設管勾」條：「秘書監指諸色人匠總管府例，設立管勾一員。」

003 大德十年二月二十二日，中書省奏：「秘書監、中尚監①、都水監②等衙門裏行的人每依例遞陞，并添散官等四十九員。於内受宣命三十九員，受敕牒一十員，委付呵，怎生？」奏呵，奉聖旨：「委付者。」秘書監正三品，少監從四品，監丞從五品，典簿從七品。

設官

設秘書監

004 至元十年二月初七日，大司農孛羅奏准：「陰陽禁書都教分付與秘書監者。」前户部尚

---

① 中尚監，秩正三品，掌大斡耳朵位下怯憐口諸務，及領資成庫氈作，供内府陳設帳房、帟幕、車輿、雨衣之用。見《元史》卷九〇《百官六》。

② 都水監，《元史·百官六》載：「都水監，秩從三品。掌治河渠并堤防、水利、橋梁、牐堰之事……至元二十八年置。」但同書《郭守敬傳》曰「至元……二年，授都水少監」；同書《世祖四》又載：「（至元）七年十二月……辛酉，以都水監隸大司農司。」本書卷二《禄秩》「郭郎中俸」條載都水監於至元十三年十一月併入工部，郭郎中（守敬）以都水監充工部郎中。蓋元初已設都水監，後又隸大司農司、工部等，至元二十八年始分立。

書焦友直①改授秘書監，趙秉温②充禮部侍郎、知侍儀事、兼秘書少監。史杠③引進使知侍儀事，兼秘書少監。三月給從三品印④。閏六月，扎馬剌丁⑤以司天臺提點充秘書監。

添設秘監

005 至元十八年四月十一日，忙兀兒⑥、秃烈哥傳奉皇太子令旨：「咱每的秀才宋弘道，依

---

① 焦友直，字仲益。至元十年由户部尚書任秘書監，十三年任兩浙宣慰使，括宋秘書省禁書、圖籍。十四年七月以通奉大夫復任秘書監。

② 趙秉温，字行直，蔚州蜚狐（今屬河北）人。早年事世祖潛邸，從征雲南等地。世祖繼位，佐劉秉忠規劃建都，又與史杠等擬定朝儀。至元八年，爲禮部侍郎兼侍儀司事，後陞昭文館大學士。見蘇天爵《趙文昭公行狀》、《元史·禮樂志一》。

③ 史杠，字柔明，永清（屬今河北）人，史天澤第四子。後任提刑按察使、湖廣行省左丞。

④ 據本書卷三「印章」「至元十年三月」條載，另有「正四品一樣二顆，禮部侍郎、知侍儀事、兼秘書少監印，引進使、知侍儀事、兼秘書少監印」。

⑤ 扎馬剌丁，《元史》又作扎馬魯丁，天文學家，早年事世祖藩府，至元八年任回回司天監提點，十年陞秘書監，後發起並主持修撰《元一統志》。詳見本書卷四《纂修》部分。

⑥ 忙兀兒。《元史》卷一六九《高觿傳》載一尚書忙兀兒，不詳是否爲同一人。

着敦斡脱赤①、扎馬剌丁一般與名分者，俸錢比那兩个(便)〔更〕②教多些者，阿合馬③根底説者。」敬此。於三月初三日授太中大夫、秘書監禮任。弘道名衜④。

006 大德五年，添設秘監一員：賈翔⑤於八月十七日上。

---

① 敦斡脱赤，原作敦幹脱赤，倉聖本同。四庫本作「都勒斡脱里齊」，「都勒」對應「敦」，「斡脱里齊」對應「斡脱赤」。推測四庫本母本中，與「斡脱里齊」對應的詞應以斡或與其相近音字啓首的。四庫館臣對非漢語詞改動，詞首音節變化不會太大。此處擬改元代常見名詞斡脱赤。斡脱赤爲蒙古語 otači ≈ otoči，意爲醫者。真金令旨所言「那兩个」人，除扎馬剌丁外，另一人應爲焦友直，但敦斡脱赤具體所指仍待考。

② 更，原作便，據倉聖本、四庫本改。

③ 阿合馬，中統三年(一二六二)領中書左右部兼諸路都轉運使，歷任中書平章、制國用使、平章尚書省事等，專掌財賦多年，屢遭彈劾。至元十九年(一二八二)被王著等殺死。

④ 宋衜，字弘道，潞州長子人，金兵部員外郎元吉之孫，歷任翰林修撰、秘書監、詹事院太子賓客等，著有《柜山集》十卷。見《元史》卷一七八《宋衜傳》。

⑤ 賈翔，此人元貞元年四月以承直郎任秘書少監，陞秘書監時爲奉訓大夫。

改秘監爲卿

007 至大四年二月十七日，舍里伯赤徹里①奉聖旨：「秘書監改做秘書卿。」

食俸三員：

一員，徹里。至大四年二月十六日，八海怯薛第一日，柱廊②内有時分，對速古兒赤鄭尚書③、伯顔禿忽思院使、養安同知、韓侍郎等有來。速古兒赤少的特奉皇太子令旨：「教闊里吉思平章④的孩兒舍里伯赤徹里做秘書卿，第四晝字行者，便教禮上者。」於二月十八日禮任。

---

① 徹里，後文卷九《題名》「秘書卿」條載：「闍里，至大四年七月　日上，嘉議大夫。」不見徹里。闍里或即徹里。元代徹、闍作譯字常交替用，如必徹赤（bičikči，秀才、文官）又作必闍赤。

② 倉聖本於柱廊二字前空兩格，據文義或爲「内裏」二字。

③ 速古兒赤鄭尚書，鄭尚書。《通制條格》卷一六「司農事例」之「至大四年閏七月初五日」條載一鄭尚書，未曉是否同一人。速古兒赤，《元史·兵志二》載：「掌内府尚供衣服者，曰速古兒赤。」同書《輿服三》載：「以主服御者，國語曰速古兒赤。」前人以「速古兒」與蒙古語「傘」對音，筆者以 šikür >ši'ür >šü'ür（篦子）對音。《元史》載世祖至元八年二月庚申日，「奉御九住舊以梳櫛奉太祖，奉所落鬚髮束上，詔櫝之，藏於太廟夾室」。九住或爲太祖速古兒赤。蒙語中傘與篦（櫛）音近，「主服御」似與篦更契合。

④ 闊里吉思平章，《元史·仁宗一》載，至大四年二月丙寅，監察御史言，前尚書官員蠹國亂政，已正典刑，但黨羽多在百司，乞罷黜。其中一人爲甘肅平章闊里吉思。若是此人，則在其子徹里十六日（戊午）被任命秘書卿八天後，即丙寅（二十四）日遭罷黜。

一員，昭文館大學士、中奉大夫、典寶監卿温德榮，授秘書監卿，依前昭文館大學士，散官如故。皇慶元年二月初九日禮任。

一員，通議大夫、隨路諸色民匠都總管府達魯花赤答兒馬（夫）〔失〕里①，授秘書卿，散官如故。皇慶元年七月十四日禮任。

不食俸二員：

一員，遥授集賢學士、嘉議大夫、前僉尚服院事楊光祖，授崇文館大學士、中奉大夫、秘書監卿。至大四年四月十九日禮任。②

一員，崇文館大學士、中奉大夫、武備寺卿譚振宗，授秘書卿，依前崇文館大學士，散官如故。十一月十四日禮任。③

---

① 答兒馬失里，失原誤爲夫，後文卷九又作答兒麻失里。隨路諸色民匠都總管府，秩正三品，掌仁宗潛邸諸色人匠。參見《元史·百官一》。

② 《元史·仁宗一》至大四年六月條載：「丙午，以内侍楊光祖爲秘書卿，譚振宗爲武備卿，闞居仁爲尚乘卿，並授弘文館學士。」弘文館學士，本書均作崇文館大學士。《元史》漏載譚振宗任秘書卿事。

③ 十一月十四日，倉聖本、四庫本同。但後文卷九，三本均記爲皇慶元年十二月十四日。《元史》漏載譚振宗任秘書卿事，參前注。

添設少監

008 至元十八年添設少監二員。

一員，程文海。二月内，准吏部①關：承奉中書省劄付，准火魯火孫②、阿里蒙古文字〔譯〕③該：「中書省官人每根底，建昌軍官人程總管，年時哥哥根底大牌子與了，勾當那與了，皇帝根底有省得〔的〕④〔提〕〔題〕⑤奏出氣力。」麽道來呵，「〔呵〕〔阿〕合馬⑥根底説者，他根底有勾當與者。」麽道聖旨有來。如今他説有，「省裏也去〔阿〕〔呵〕⑦，做甚麽？」陳楚〔各〕〔客〕⑧的替

---

① 吏部，倉聖本同，四庫本作禮部，從鈔本和倉聖本。

② 火魯火孫，後文作霍兒霍孫，《元史》又作和禮霍孫、火禮霍孫等。蒙古人，初爲世祖宿衛，後陞翰林學士承旨，至元十八年兼守司徒，十九年阿合馬敗後任右丞相。

③ 阿里，此時應爲參知政事。至元十九年，阿合馬被殺，奉命與孛羅、和禮霍孫等由上都馳驛大都，討爲亂者。譯，據文義補。元代公文習見「蒙古文字譯該」，指對蒙古文節譯。

④ 的，據文意補。後文同。

⑤ 題，原作提，據後文改。元代提奏、題奏互見，後者似更常見。

⑥ 阿合馬，原作呵合馬，據倉聖本改。

⑦ 呵，原作阿，據文義改。按，呵在硬譯文體句式中常用於動詞後表假設語氣。

⑧ 陳楚客，客原作各，據倉聖本改，高本已改；四庫本亦作客。按《輟耕録》卷二〇「漢兒字聖旨」條載，陳楚客於憲宗八年（一二五八）由南宋歸蒙古，至元十二年，曾奏請勸降揚州守臣朱焕。與本條所記應爲同一人。

頭裏，翰林院裏文字的勾當行呵，省〔得〕的題奏行踏」。說有。麽道奏呵，「那般者」。麽道聖〔肯〕〔旨〕了也①。又「上位可〔怯〕〔怜〕見②，我根底不揀怎生行者道呵，我的孩兒俺兩个勾當裏〔入去〕了呵③，不宜的一般。我的孩兒根底，或太廟的勾當裏，或交秘書監的勾當裏〔行〕④呵，上位識者」。說有，麽道奏呵，「那般者」。麽道聖旨了也。欽此。今擬翰林修撰、朝列大夫程文海授中順大夫、秘書少監，當月初一日禮任。

一員，至元十八年八月十五日，吉丁⑤啓有：「秘書監宋弘道索曹晉充秘書監少監，做伴當勾當。」敬奉皇太子令旨：「那般者。」麽道。敬此。曹晉授朝列大夫、秘書少監。九月初一日〔禮任〕⑥。

① 旨，原誤作肯。

② 可怜見，怜原作怯，字形相似致誤。按可怜見，元代公文常見，意爲憐憫、垂憐。

③ 勾當裏入去了呵，入去二字據文義補。勾當裏入去，猶言就任。

④ 勾當裏行，行字據文義補。勾當裏行，猶言任職。

⑤ 吉丁，《元史·桑哥傳》載：「(至元二十五年)十月，桑哥奏：『……外省欺盜必多，乞以參政忻都、户部尚書王巨濟……奉御吉丁、監察御史戎益……監察御史伯顏等十二人，理算江淮、江西、福建、四川、甘肅、安西六省，每省各二人，特給印章與之。』」此奉御吉丁或爲同一人。

⑥ 九月初一日，後文卷九作「九月初二日上」。「禮任」二字據前後文意補，高本已補。

009 至元二十年添少監一員。利用少監千奴，欽授宣命奉議大夫、秘書少監，十一月初十日禮任。

010 至元二十三年，添設少監一員。承事郎、僉隴右河西道提刑(案)〔按〕察司①事宋光祖，授承務郎、秘書少監，於八月十七日禮任。

設監丞

011 至元十六年，設監丞一員，正六品級。前國子監助教(助)〔耶〕律有尚②，祗授敕牒承務郎、秘書監丞，九月初二日上。

添設監丞

012 至元二十五年添監丞二名：

---

① 提刑按察司，按原誤作案，倉聖本同。據《元史》卷八六《百官二》及四庫本改。高本已校。

② 耶律有尚，耶原誤作助，據倉聖本、四庫本及卷九《題名》「秘書監丞」下人名耶律有尚改。按耶律有尚，字伯强，遼東丹王十世孫。父均，提領東平路工匠所長官，死後追封漆水郡公，謚莊慎。有尚受業於許衡，歷任國子助教、秘書監丞、昭文館大學士兼國子祭酒，階中奉大夫。年八十六卒，謚文正。

一員，贍思丁。至元二十五年七月初九日，尚書省奏：「年時忽都魯于孫①、岳提點②兩个奏：『秘書監回回每陰陽不理會得的人每，俺根底管着有，已後陰陽文書每失散了呵，俺怕的奏有。』麽道奏呵。『扎馬剌丁漢兒陰陽人根底（体）〔休教〕管者③』麽道，交出去了來。昨前又教奏了，秘書監入去來。他又回回陰陽文書提調的伴當麽道，和他一處行的贍思丁根底索有。俺商量得，贍思丁根底教做監丞。漢兒陰陽文書根底提調的岳提點根底教做秘書監，蠻子陰陽人陳春官根底教做少監，委付了。這兩个根底在前管着的勾當根前依舊（委付了這兩个根底在前管着的勾當根前依舊）④教管着。又秀才的文書提調的一兩个秀才官人每委付呵，怎生？」麽道奏呵，「那般者」。〔麽道〕⑤聖旨了也。欽此。八月十六日祗授敕牒承直郎、秘書監丞，當日禮任。

① 忽都魯于孫，倉聖本同。後文及《元史》作忽都于思。
② 岳提點，指岳鉉，參見後文卷九《題名》「秘書監」條。
③ 休教管者，原誤作体管者。元代常用簡化字，抄書者誤休爲体，倉聖本、四庫本又誤爲體。教，有時又作交，意爲令、讓，據文義補。休教管者，元代公牘常用語。又據卷七「司天不隸本監」條改。
④ 委付了……依舊，此十九字爲衍文，三本均誤，爲整行誤抄。
⑤ 麽道，據文義補。

一員，張康①。先於至元二十四年二月内，准中奉大夫、同僉樞密院事②咨：「著作佐郎張康扈蹕兩都，歷俸已逾三考，有勞無過。竊見唐方與康俱南來者，方已陞翰林待制，惟康未蒙陞擢，家又貧困，若陞秘書少監，額外請俸，不署事，推演太一數，供職輦下相應。」准此。具呈都省照詳。至元二十五年八月初八日，張康祗授敕牒奉直大夫、秘書監丞，依例請俸，不署事。

減員

013 延祐元年九月初二日，阿禮海牙左丞③、不花參議奏〔奉聖旨〕④：「秘書監官人每的名字寫將來者」麼道，聖旨有來。將寫着〔的〕⑤名字教看呵，「總做一十

---

① 張康，字汝安，號明遠，潭州湘潭人，旁通術數。至元十五年四月，御史中丞崔彧偕至上都見世祖，授秘書監著作佐郎，二十五年遷秘書監丞，年六十五卒。詳見《元史·張康傳》。

② 中奉大夫、同僉樞密院事，此人應爲崔彧。他恰於至元二十三年，加集賢大學士、中奉大夫、同僉樞密院事。參見前注及《元史》卷一七三《崔彧傳》。

③ 阿禮海牙，後文又作阿里海牙，畏兀氏，集賢大學士脱列（又作脱烈）之子。早年事武宗、仁宗爲宿衛。仁宗時曾任參議中書省事、參知政事、左丞、右丞、平章政事等。後又歷事英宗、泰定帝、明宗、文宗、順帝各朝。

④ 奉聖旨，三字據文義補。

⑤ 的，據倉聖本、四庫本補。

員者。內請俸的秘書卿教四員者，教苦思丁①爲頭，教速古兒赤失剌②第二。劉總管③第三，與昭文館大學士、正奉大夫散官，依前兼總管府者。教盛從善依舊④。其餘（約）〔的〕⑤〔教〕⑥出去者。兩个火者不請俸，額外教有者。教設兩个太監，鄭乞答（五）〔台〕⑦年記老的人有，教他做太監，與太中大夫散官。那一个太監的（鬪）〔闕〕⑧裏我委付人也者。設兩个少監，教劉吉⑨

---

① 苫思丁，卷九《題名》「秘書卿」條作贍思丁。

② 失剌，後文卷九作式剌。

③ 劉總管，《元史・劉元傳》載：「有劉元者……字秉元，薊之寶坻人……元官爲昭文館大學士、正奉大夫、秘書卿，以壽終。」《輟耕録》卷二四「精塑佛像」條亦有記載，與此劉總管頗合。本書卷九「秘書卿」條中所記劉元爲「延祐七年十月以嘉議大夫上」，而另一闕名劉某事跡與此劉總管合，疑有誤。

④ 盛從善，即後文之盛朝列。大德四年七月以承事郎任秘書監丞，至大三年七月陞秘書少監，延祐元年七月以中議大夫陞秘書卿。延祐三年七月十八日特授昭文館大學士、中奉大夫。延祐四年正月十三日加資善大夫、太史院使，餘如故。

⑤ 的，原作約，據倉聖本、四庫本改。

⑥ 教，據文意補。

⑦ 鄭乞答台，台原作五，倉聖本、四庫本同，均誤。後文卷九有鄭乞答台，當爲同一人。乞答台，蒙古語，意爲漢人。

⑧ 闕，原作鬪，據倉聖本、四庫本改。

⑨ 劉吉，據後文卷九載，此人於皇慶二年正月十三日以朝列大夫遷秘書少監，延祐元年九月初十日以太中大夫任秘書太監。

依舊，教張景源做少監①。設兩个監丞，教趙天祥依舊，王宜之②不揀幾時休替者。」麽道〔聖旨了也。欽此〕③。

又九月初四日，阿里海牙左丞特奉聖旨：「秘書監裏劉少監做太監，馮僧兒做少監④，不揀幾時休替他每者。」麽道聖旨了也。欽此。

設幕府

設經歷

014 至元十六年七月，都省準設秘書監經歷一員。

設提控案牘

015 至元十七年，設首領官提控案牘一員。十一月十四日，准中書吏部關：依奉中書省判送，准劉伯時充秘書監提控案牘，當月十八日禮任。

---

① 張景源，倉聖本、四庫本同；後文卷九，各本均作張景元。

② 王宜之，據本書卷九「秘書監丞」條目載：王義字宜之。皇慶二年五月初二日以奉訓大夫上，延祐五年三月初二日加朝列大夫。

③ 聖旨了也欽此，六字據文義補。

④ 劉少監，當指前文之劉吉。馮僧兒，當即馮慶。

設知事

016 大德五年，提控案牘改設爲知事。王士爚①於大德六年正月初三日禮任。

設典簿

017 大德九年七月十三日，中書省奏：「秘書監官人每俺根底與文書，『俺的衙門自至元九年設立，定作從三品來，其餘監分即漸陞了有』，麽道指例説有。俺商量來，掌管禁書自前立來的，不比其餘衙門有，他每言語是的一般，依着别个監分体例陞正三品呵，怎生？」奏呵，奉聖旨：「那般者。」欽此。除本監行使〔正〕②三品銀印，劄付禮部依例鑄造外，首領官知事改陞典簿。都省：欽（此）〔依〕照驗③。

設管勾

018 至元十六年設管勾一員。十二月，秘書監指諸色人匠總管府例，設立管勾一員。奉都堂鈞旨：准呈。

---

① 王士爚，字繼元，東平人。參見本書卷九。

② 正，據卷三「正三品印」條補。

③ 欽依，原作欽此，據前文「陞正三品」條及倉聖本、四庫本改。高本已檢出。按聖旨内容結束後用「欽此」，表示恭敬。都省等衙門批示則常用「欽依」，如「欽依照驗」「欽依施行」「欽依聖旨及已行事理施行」。

設屬官

設著作郎

019 至元十五年設著作郎一員，劉天藻。本官呈：「自至元十三年承江南行省咨樞密院，以陰陽數學來朝。」至元十五年二月欽授宣命承直郎，遙受南康路同知，充秘書監著作郎。

添設著作郎

020 至元十九年添著作郎一員。至元十八年八月初七日，中書省啓：「武州判官完顔君翼，御前彈琴人員。秘書監裏見有著作郎名闕，教入去（者）①呵，宜有。」啓呵，奉皇太子令旨：「那般者。」敬此。十月祇授敕牒，至元十九年正月初二日禮任。

---

① 者，倉聖本、四庫本均同，疑衍。者字常在句末表命令、祈使語氣，與其後的呵字不連用。

設著作佐郎

021 至元十五年設著作佐郎一員。張付〔樞〕①、張左丞②、奉御脱脱出、(大)〔太〕忒木兒③、給事中阿里，對翰林承旨霍兒霍孫④，就斡魯朵裏聞奏過：「張明遠⑤與著作佐郎名稱，依例請俸，專一理會陰陽勾當。」欽此。於九月初二日禮任。

添設著作佐郎

022 至元二十四年添設著作佐郎一員。至元二十三年二月十一日，秘書監扎馬剌丁奏：「李校書小名的人，勾當裏在意勤謹有，雖不滿考呵，他的這名分根底添與名分，别个每也在意

---

① 張付樞，原作張付，脱一樞字，倉聖本、四庫本作張副樞。此張付樞應爲張易。《元史》卷九《世祖六》至元十三年三月條載：「三月丁卯，命樞密副使張易兼知秘書監事。」

② 張左丞，據《元史·宰相年表》，至元十五年時中書左丞欄爲空，右丞欄爲張惠。《元史·廉希憲傳》載，至元十四年五月「有數輩以徙置都邑事奏，樞密副使張易、中書左丞張文謙與之廷辨」。同書《世祖九》載，至元十九年十二月「壬寅，中書左丞張文謙爲樞密副使」。據此此時的左丞可能爲張文謙。

③ 太忒木兒，太原作大。太忒木兒事跡不詳。

④ 霍兒霍孫，即前文所見火魯火孫。

⑤ 張明遠，即前文「添設監丞」條所見張康。《元史》卷二〇三《張康傳》：張康，字汝安，號明遠，潭州湘潭人……凡召對，禮遇殊厚，呼以明遠而不名。後文卷十《題名》「著作佐郎」下誤作二人。

也〔者〕①。」麽道〔奏呵,「那般者」麽道〕②,聖旨了也。欽此。校書郎李天麟授著作佐郎,至元二十四年閏〔三〕〔二〕月③二十二日禮任。

設秘書郎

023 至元十四年設秘書郎一員,竇履。二月内,五哥奉御傳奉皇太子令旨:「〔説〕與④趙大哥⑤,竇先生⑥的孩兒於秘書監定奪教勾當者。」敬此。知秘書監事趙侍郎於七月初九日奏稟:「在前聖旨〔裏〕⑦,教竇先生的孩兒於秘書監定奪勾當來,如今管秘書監文書的秘書郎名兒有。」奉聖旨:「與那名兒,教勾當者。」欽此。於九月内禮任。

---

① 者,原缺,倉聖本、四庫本同,據文義補。按「也者」用在硬譯文體句末,表示推測、委婉肯定語氣,下對上提建議時常用。

② 奏呵那般者麽道,以上七字據文義及公文句式補。可能抄書人漏抄。

③ 閏二月,二原作三,倉聖本、四庫本同。按至元二十四年有閏二月,無閏三月。後文卷九「著作佐郎」條目下載:「李天麟,至元二十四年閏二月二十二日上。」據改。

④ 説與,説字原無,據文義和硬譯文體習慣補。有時也用「道與」。

⑤ 趙大哥,當指趙秉溫。下文稱「知秘書監事趙侍郎」,或有可能趙秉溫於焦友直不在期間代其職。

⑥ 竇先生,即竇默,字子聲,初名傑,字漢卿。廣平肥鄉人。世祖繼位,爲翰林侍講學士,後加昭文館大學士。死後累贈太師,封魏國公,謚文正。子竇履,集賢大學士。《元史》卷一五八有傳。

⑦ 裏,據文義補。

添設秘書郎

024 至元十五年添設秘書郎一員。八月十七日，准吏部關：

承奉中書省劄付，脱脱出呈，六月二十二日奏：「有張平章、張左丞、焦尚書説，鄭大教秘書監裏與焦尚書等做伴當，管秘書監勾當呵，怎生？」奉聖旨：「那般者。」欽此。八月初六日，鄭自興祗受①敕牒禮任。

設校書郎

025 至元十五年設校書郎一員。八月十七日，准吏部關：

承奉中書省劄付，脱脱出呈，六月二十二日奏：「有張平章、張左丞、焦尚書説，謝制置（奏）②他孩兒謝譯史教秘書監裏焦尚書根底一同收拾文書勾當呵，怎尚？」奏〔呵〕，〔奉〕③聖旨：「那般者。」欽此。於八月初六日，謝椿祇授敕牒，充秘書監校書郎禮任。

---

① 祇受，倉聖本、四庫本同；後文又作祇授。
② 奏，疑衍。依鈔本書寫體例，奏字爲抬頭字，或抄書者將前文奏字重抄。
③ 呵奉，二字據文義補。奏呵奉三字常連用，因奏爲抬頭字，奉字後又常見改行抬頭的「聖旨」二字，故此三字常獨占一行，易致誤抄。

添設校書郎

026 至元二十二年，添校書郎一員。三月初三日，翰林集賢侍講學士牒：「通事舍人周馳，學問才能，若處館閣校讎之任相應。」准此。秘府具呈中書省照詳，十一月二十四日准吏部關，承奉中書省劄付：照會侍儀司，通事舍人周馳授將仕郎，秘書監校書郎。

添設直長

027 至元二十五年，秘府請設辨驗①書畫直長一員，都省准此設。

設史員

添設令史

028 至元二十四年，添設令史一名。五月内，秘府見役令史二人，一人分監上京，止有一人供事倉卒，省臺呼召，艱於應接。纂修地理圖志未曾添設，乞增設令史一人。都省準設。

設蒙古必闍赤

029 至元二十二年五月十六日，都省準設蒙古必闍赤一人。

---

① 辨驗，四庫本同，倉聖本誤作辦驗。《元史》卷九〇《百官六》「秘書監」條載：「辨驗書畫直長一員，正八品。」

設回回令史

030 至元二十三年八月二十一日，都省準設回回令史一人。

設知印

031 元貞二年正月，都省準設知印一人。

添設知印

032 至大元年，都省準添設知印一人。

設通事①

033 至元二十（五）〔四〕年②，設通事一名。二月内，爲秘府纂修地理圖志，監官扎馬剌丁西域人，華言未通，可設通事一人。奉都省準設。

---

① 此條正文部分原在「設蒙古必闍赤」前。依品級通事應在蒙古必闍赤之下，故依原目録順序移至此處。

② 二十四年，原作二十五年，倉聖本、四庫本同，原目録作二十四年。按本書卷十一「怯里馬赤」條目下小序曰：「至元二十四年二月設一人。」其下第一人爲「暗都剌斡合，至元二十四年二月十九日參。」又同卷「奏差」條目下載：「暗都剌斡哈（即暗都剌斡合），至元……二十四年二月轉充本監怯里馬赤。」可知，爲編修《大一統志》，監修官扎馬剌丁不通華言，故准秘書監於至元二十四年二月設通事（怯里馬赤）一人，當月由同監奏差暗都剌斡合轉充，是爲秘書監首任怯里馬赤。

設典史

034 至大元年，當年五月，秘監知事改陞典簿，比例當設典(史)〔吏〕①一人。蒙都省準設。

設司徒府

設司徒府

035 至元十八年十一月二十五日，奉司徒府劄付：

十月二十日奏准：翰林國史院領會同館、集賢院，都併做一个衙門，必闍赤撒里蠻②爲頭兒。蒙古翰林院是寫蒙古字聖旨③，這勾當大有，併在漢兒翰林院裏不宜一般，如令依舊，翰林院交脱里察安④爲頭兒。秘書監、太史院、司天臺人也多有，俸錢也多有，都併做一个衙門，交

---

① 典吏，原作典史，據原目録及倉聖本、四庫本改。

② 撒里蠻，後文又作撒兒蠻。元代稱撒里蠻者多人，此人常被稱爲必闍赤撒里蠻，世祖時曾任御史中丞、翰林學士承旨，拜大司徒。主修太祖、太宗、定宗、睿宗、憲宗《實録》，大德八年二月，又進金書《世祖實録》節文一册、漢字《實録》八十册。世祖時還曾受命與許國禎等主持增修《本草》。

③ 疑此處有脱文，或是字爲衍文。

④ 脱里察安，後文又作脱兒盞。

張平章不妨樞密院勾當兼管着做頭兒。這併了〔的〕①三个衙門，總頭兒火魯火孫守司徒，判翰林國史集賢院，領會同館，知秘書監事。阿散右丞判翰林國史集賢院，領會同館，知秘書監事。阿里省裏與參政的名兒，兼同判翰林國史集賢院，領會同館，知秘書監事。已令各官欽授。

翰林學士承旨、中奉大夫兼修起居注、領會同館事忽魯火孫，授光禄大夫、守司徒、判翰林國史集賢院、領會同館、〔知〕②秘書監事，修起居注如故。

資德大夫、將作院使、禮部尚書、同領會同館事阿散，授中書右丞、判翰林國史集賢院、領會同館、〔知〕秘書監事，散官如故。

正議大夫、户部尚書、給事中、同修起居注阿里，授正奉大夫、參知政事、兼同判翰林國史集賢院、領會同館、〔知〕秘書監事，同修起居注如故。

正奉大夫、樞密院副使、兼知秘書監、領太史院事張易，授榮禄大夫、樞密院副使、兼領秘書監事。③

---

① 的，據文義補。

② 知，據前文補，以下兩處同。

③ 與本條相關聯内容，見《元史》卷一一《世祖八》至元十八年冬十月條載：「壬子……以翰林學士承旨撒里蠻兼領會同館、集賢院事。以平章政事、樞密副使張易兼領秘書監、太史院、司天臺事。以翰林學士承旨和禮霍孫守司徒。」

爲革罷司徒府事

罷司徒府

036 至元十九年六月二十五日，准中書吏部關：

承奉中書省劄付，欽奉聖旨節該：「革罷司徒府、農政院等衙門。」坐到下項事理，合下，仰照驗施行。承此，當部除已委請本部王郎中依上施行外，合行移關，請照驗。依奉省劄内處分事理，將本府應有文卷簿籍，若有合交付翰林院等各衙門，計問本部已委官，就便交割。仍將交付訖各各①事目數目開坐關來。

中書省劄付，准中書省咨，五月二十五日聞奏②，火魯火孫爲頭省官人每奏將來：「司天臺秀才每、會同館、蒙古翰林院等管着〔麽道〕③奏來，我這省裏行，又那裏押文字行呵，不宜

---

① 各各，倉聖本作各項，高本已檢出。四庫本作各。按元代公文各各、各項互見，前者居多。

② 五月二十五日，《元史》卷一二《世祖九》至元十九年六月癸丑條載：「從和禮霍孫言，罷司徒府及農政院。」癸丑恰爲二十五日，疑五月爲六月之誤。

③ 麽道，據文義補。

的一般，必闍赤每也空喫俸錢有。罷了撒兒蠻、脱兒盞、斡脱赤每，那〔的〕①每各自勾當裏理會行者。我雖在省〔裏〕②行呵，也是管着那的一般有。」奏將來有。〔奏呵，「那般者」。麽道〕③聖旨了也。欽此。本省咨請照驗事。都省：除外，合下，仰照驗施行。仍行移合屬，欽依聖旨事意施行。仍委官計問司徒府首領官，將本府應有合交付翰林院等各衙門者就便交割，合繳呈者呈省。

位序

焦秘監

037 至元十年九月十八日，秘書監扎馬剌丁於萬壽山下浴堂根底，愛薛④作怯里馬赤，奏：「皇帝委付奴婢與焦大夫一處秘書監裏勾當來。有聖旨『畫字底再奏者』麽道。奴婢爲住夏勾

① 的，據文義補。

② 裏，據前文「我這省裏行」補。

③ 奏呵那般者麽道，此七字據文義補。或係抄書人漏抄所致。

④ 愛薛，後文又作海薛、也薛。西域拂林人，通西域諸部語，工星曆、醫藥。初事定宗，直言敢諫。世祖時奉詔使西北宗王阿魯渾所。既還，拜平章政事，固辭。擢秘書監，領崇福使，遷翰林學士承旨，兼修國史。仁宗時封秦國公。卒，追封太師、開府儀同三司、上柱國、拂林忠獻王。

當上與伴當每商量了，依着欽受到宣命畫字來。兼自焦大夫比奴婢先出氣力多年，合在上頭。」奉聖旨：「是有，先出氣力來底做長者。」欽此。

秦秘監

038 延祐元年七月初四日，拜住怯薛第三日，香殿裏有時分，對速古兒赤扎班、咬住、（河）〔阿〕①塔赤衆家②等有來，曲出③太保、也里牙國公④奏過事内一件：「苫思丁學士從世祖皇帝時分行來。今後秘書監裏秦學士⑤爲頭，苫思丁第二畫字呵，怎生？」奏呵，奉聖旨：「不揀誰裏頭勾當呵，在他每兩个下頭畫字者。」麽道聖旨了也。欽（依）〔此〕⑥。於延祐元年七月初四日署事。

---

① 阿塔赤，阿原誤作河。按阿塔赤，蒙古語 aqtači，意爲掌騸馬者。

② 衆家，或爲衆家奴之誤。

③ 曲出，又作曲樞、曲朮，西土人，至大元年爲應國公、太子詹事、平章軍國重事，加太子太保。詳見《元史》卷一三七《曲樞傳》。

④ 也里牙國公，據《元史》卷一三四《愛薛傳》載：「愛薛……子五人，也里牙，秦國公，崇福使。」當即此人。

⑤ 秦學士，即秦國瑞。大德十一年四月初七日以少中大夫任秘書監，至大四年閏七月二十日以昭文館大學士、正奉大夫、自監爲秘書卿。參見後文卷九「秘書卿」「秘書監」條目。

⑥ 欽此，原作欽依，據倉聖本、四庫本及文義改。

兼領

岳學士落秘書監

039 至大元年閏十一月初五日，昭文館大學士、正奉大夫、知秘書監岳鉉，有旨依大德十一年①員數落知秘書監。

岳學士依舊提調秘書監

040 至大三年正月十三日，亦思丹怯薛第二日，皇太子斡耳朵〔裏〕②有時分，香山大司徒③，對也奴侍御④，啓：「從在前薛禪皇帝有時分，秘書監裏岳學士爲天文禁書上頭，爲頭兒管着行來。如今見喫着昭文館大學士俸錢多年也，因分揀上頭，秘書監裏不曾入去畫字有。他不管呵，不中的一般有。」啓呵，奉皇太子令旨：「那般者，教他依舊爲頭兒知秘書監行者。」麽道。

---

① 十一年，倉聖本作十年，高本已檢出。四庫本亦作十年。

② 裏，據文義補。

③ 香山大司徒，香山，阿速氏，祖口兒吉，父的迷的兒，事武宗、仁宗，直宿衛。後以功賜金帶一，授左阿速衛都指揮使。参見《元史》卷一三五《口兒吉傳》及《曲阜加封孔子致祭碑》(一三〇八年)。

④ 也奴，又作野訥，畏吾氏，阿禮海牙之兄。詳見《元史》卷一三七《阿禮海牙傳》。

提調回回司天臺

041 至大元年四月初十日。秘書少監苫思丁除前歷仕外，至元二十二年有扎馬剌丁引現過，奉薛禪皇帝聖旨：「交習學陰陽勾當者。」欽此。至元二十六年，有扎馬剌丁奏奉薛禪皇帝聖旨：「分付愛薛怯里馬赤，這苫思丁根底與勾當者。」欽此。於元貞元年七月内祗授敕牒靈臺郎、司天少監勾當。至大德二年七月内，（祇）〔欽〕授①宣命（校）〔授〕時郎②、行司天監勾當。至大德四年九月二十日，欽授宣命頒朔大夫、提點回回司天臺事勾當。至大德十一年四月内，有也里審班③等官啓奉皇太子令旨：「交苫思丁秘書監吴少監的替頭裏做少監者。」敬此。當職於當月初七日禮任勾當。本監行移吏部，轉呈都省照詳，未經欽授宣命。

至大元年二月十二日，愛薛、香山就柳林裏奏：「如今回回陰陽人少有，這苫思丁不教陰陽裏行呵，悮了的一般。去年皇太子令旨裏，教這苫思丁〔做〕④秘書少監，提調回回司天臺，這般行來。如今把他根底依在先体例裏交行呵，怎生？」麽道〔奏呵〕⑤，奉聖旨：「那般者。」欽此。

① 欽授，原作祇授，倉聖本、四庫本同，據文義改。
② 授時郎，原作校時郎，倉聖本、四庫本同。元代不見校時郎、校侍郎之名。《元史》卷九一《百官七》「司天散官一十四」條下有「授時郎，從五品；靈臺郎，正六品」。據改。
③ 也里審班，又作野禮審班、也里失班，康里人，昭文館大學士不忽木之弟。
④ 做，據前文補。
⑤ 奏呵，據文義補。

秘書志卷第二

祿秩

設官任賢，職①稟稱事，所以厚臣鄰也。秩有高下，祿之隆殺定焉。因歲時之豐約，物直之低（印）〔昂〕②，增俸給粟，屢形詔旨，會計多少，具牘以書。

立監定俸

042 至元十年十月初九日，秘書監蒙太保、大司農省會：

十月初（九）〔七〕③日，一同於皇城西殿内奏：「先於閏六月十八日奏奉聖旨：『秘書監俸錢

---

① 職，四庫本作賦。

② 低昂，原作低印，據倉聖本、四庫本改。

③ 七，原作九，據倉聖本、四庫本改。高本已檢出。

教曆錢裹喫者，合用的人立者，你定了數目呵，再奏者。』〔麼道聖旨有來〕①。今奏，秘書監焦友直、扎馬剌丁各人月支俸鈔一伯兩。少監趙秉温、史杠各月支鈔七十五兩。令史趙欽止、申傑各月支鈔一十七兩。典書李思齊、張琚琳各月支鈔一十兩。奏差忽都魯伯、蘇德慶②各月支鈔一十兩。公使人五名，各月支鈔三兩。這般呵，怎生？」奉聖旨：「依着那般與者。」〔麼道聖旨了也，欽此。〕③

043 至元十四年八月，秘書(卿)〔郎〕④月俸三十五兩。當年七月，令史添俸三兩。

044 至元十五年五月，著作郎月俸四十五兩。

045 至元十五年九月，著作佐郎月俸四十兩。

---

① 麼道聖旨有來，此六字據文義補。「秘書監俸錢……再奏者」是太保(劉秉忠)和大司農(孛羅)復述皇帝(忽必烈)此前閏六月十八日説過的話。按照此類公文的書寫慣例，皇帝説過的話之後應有「麼道聖旨有來」之類的標記。

② 忽都魯伯、蘇德慶，此二人即卷十一「奏差」中所記秘書監首任兩名奏差，於至元十年十月參。

③ 麼道聖旨了也欽此，以上八字，依相關公文體式適當補充。

④ 郎，原誤作卿，據倉聖本、四庫本改。

046 至元十五年六月，校書郎月俸三十五兩。

047 至元十六年，作頭董濟充管勾，月俸一十兩，至元十三年①，作頭併入本監，月俸六兩。十七年正月爲始，月俸一十五兩。

郭郎中俸

048 至元十五年三月初九日，秘書監奉中書省劄付，節該：

欽奉聖旨，郭郎中②俸錢奏呵，「依体例與者」。麼道聖旨了也。欽此。「仰講議郭郎中合得名分，擬定呈省。」奉此。准中書户部關，就問得郭郎中稱：「元授中順大夫、都水監，於至元十三年十一月將都水監事併入工部。至元十四年二月間，欽授宣命充工部郎中，署事勾當。蒙張樞副③省會：『先欽奉聖旨，交你監修渾天儀等勾當。』上，我於都堂内議定，交你請工部郎中

① 十三年，四庫本同，倉聖本誤作十二年，當從底本。有關作頭董濟併入秘書監事，參閲本書卷七「興文署」門下「興文署不隸本監」條。

② 郭郎中，即郭守敬，字若思，順德邢臺人。至元十三年，都水監併入工部，守敬除工部郎中。其事跡見《元朝名臣事略》卷九《太史郭公守敬》，《元史》卷一六四《郭守敬傳》。

③ 樞副，即樞密副使，習稱副樞。張樞副即樞密副使張易。

俸錢。欽依先奉聖旨，監修渾天儀，候改曆測驗了時，即便還部。」〔除〕①遵依外，蒙中書省②依例自至元十四年三月爲頭，放支工部郎中俸錢。

吏屬添俸

049 至元二十年九月初七日，准中書户部關：

承奉中書省劄付：至元二十年六月初七日，安童怯薛第一日，上都寢殿裏有時（公）〔分〕③，奏過事内一（奏）〔件〕④：「勾當裏行的人每俸錢，一番定奪比在前減了來。『如今諸物貴了的上頭，俸錢不勾有』〔麽道〕⑤御史臺官、部官俺根底與將文字來。俺衆人商量得，除大官人每外，已下并首領官、必闍赤等，俱勾當裏行的人每根底斟酌與呵，怎生？」奏呵，奉聖旨：「恁衆人商量了，待添與那甚麽，回奏與。」麽道〔聖旨了也。欽此〕⑥。商量來奏呵，奉聖旨：「與者，既那般與呵，卻不做賊好來。」欽此。都省，議得，隨朝衙門官員見請俸，秩品同者，其各

---

① 除，據文義補。除……外，爲一較固定句型。
② 此處似有脱文。
③ 寢殿裏有時分，分原誤作公，倉聖本同，高本已校；四庫本不誤。
④ 件，原誤作奏，據文義改。高本已校。按，奏爲抬頭字，誤入此處。
⑤ 麽道，據文義補。
⑥ 聖旨了也欽此，此六字據文義補。

支俸例不一。都省：除外，合下，仰照驗。照勘各衙門官員元定見支各各俸例，仍斟酌所掌事務繁簡，另行定擬呈省外，據省、院、臺、部等衙門見勾當令史、蒙古必闍赤、通事、譯史、知印、宣使、奏差、典吏、祗候人等俸給，依准所擬，自至元二十年七月爲始，先行支付。仍就便行移合屬，依上施行。

令史月俸二十兩，今添一十兩。

典書、奏差月俸一十兩，今添五兩。

公使人月俸五兩，今添二兩五錢。

官吏俸米①

050 大德七年閏五月二十二日，准中書户部關：

奉中書省劄付，欽奉聖旨，節該：「官吏俸薄，不能養廉，增給俸米。」欽此。都省與集賢大學士、商議中書省事一同議得②：「無職田官吏俸米，除甘肅行省與和林宣慰司〔官吏〕③一体擬

---

① 本條内容與《元典章》卷一五《户部一》「禄廩・官吏添支俸給（大德七年）」條基本相同。《南臺備要》「行御史臺官吏禄米」條亦有部分收録。各書所記角度不同，詳略各異，可互爲補充，本志略詳於以上兩書。

② 《元典章》缺「都省與集賢大學士、商議中書省事一同」十六字。

③ 官吏，據《元典章》補。

支口糧外，其餘内外官吏，俸〔錢〕一十兩以下人員①，依大德三年添支小吏俸米例，每一兩給米一斗。② 十兩以上至二十五兩，每員支米一石，餘上之數每俸一兩爲米一升，扣算給付。若無見在〔米〕③，驗支俸去處時直給價，雖貴每石不過二十兩④。上都、大同、隆興、甘肅各（省）〔處〕⑤不係産米去處，每石擬支中統鈔二十五兩，價（錢）〔賤〕者⑥，從實開坐各各分例。」

移准上都省咨⑦：於大德七年五月二十八日奏過事内一件：前者爲内外勾當裏行的官吏俸錢少的上頭，俺省官、臺官并老的每一處商量了，「添與俸米者」麽道奏了，行了聖旨〔有來〕⑧。答

① 錢，據後文「請十兩以下俸錢的」補。

② 大德三年添支小吏俸米例，見《元典章》卷一五《户部一》「官吏添支奉給」條及《元史》卷二〇《成宗三》大德三年正月條。

③ 《元典章》於若字後多一官字。米，三本均無此字，據文義及後文補。

④ 二十兩，《元典章》作二十貫。

⑤ 各處，原作各省，據《元典章》改。又見《元史》卷二一《成宗四》，大德七年五月條：「詔中外官吏無職田者，驗俸給米有差，其上都、甘肅、和林諸處非産米地，惟給其價。」作諸處。

⑥ 價賤者，原作價錢者，據倉聖本、四庫本改。

⑦ 上都省，倉聖本、四庫本同，《元典章》上字處爲一空格。

⑧ 有來，據《元典章》補。來字於文末表過去時態；與其相對，去字表未來時態。此次所行聖旨蓋指大德七年三月甲辰日的詔令「京朝官月俸外，贈給禄米；外任官無公田者，亦量給之」。見《元史》卷二一《成宗四》。

剌罕丞相、大都省官人每與學士每一處商議定，奏將來：「但是無職田的，請十兩以下俸錢〔的〕①，依着先定來的〔添支〕②小吏俸米例，每一兩與（斛）〔一斗〕③米，十兩以上至二十五兩與一石。這的之上，不揀請多少俸錢的，十兩加與一斗俸米呵，内外官吏一年約（請）〔該〕④二十八萬餘石米有。這般與呵，上都等處山後州城、甘州等處河西州城并和林〔州城〕⑤不係出米去處，從着各處事宜與價錢并口糧。更迤南州城，若無見在米呵，與價錢的，擬將幾个分例（米）〔來〕⑥有。俺與完澤太傅右丞相衆人商量來，請三定俸錢以上的，不與米。三定以下俸錢的，依着大都省官人每與學士每一處定〔將〕來的與呵⑦，怎生？取自聖裁。」奏呵，奉聖旨：「依着恁商量來的與者。」欽此。都省：除外，合下，仰照驗，就行合屬，欽依施行。奉此。關請照驗，就行合屬，欽依施行。

① 的，據文義及《元典章》《南臺備要》補。
② 添支，據前文補。
③ 一斗，原作斛，倉聖本、四庫本作㪷，均脱一字，據前文「每一兩給米一斗」及《元典章》改。
④ 該，原作請，倉聖本、四庫本同，據《元典章》改。
⑤ 州城，據《元典章》《南臺備要》補。
⑥ 來，原作米，倉聖本、四庫本同，據文義及《元典章》改。
⑦ 《元典章》缺「與學士每」四字。將，據《元典章》補。

岳昭文祿米二石二斗五升。

秘書監三員每員祿米二石。

少監三員每員祿米一石五斗五升。

監丞三員每員祿米一石四斗。

著作郎二員每員祿米一石六斗五升。

著作佐郎二員每員祿米一石三斗。

秘書郎二員每員祿米一石三斗。

校書郎二員每員祿米一石三斗。

辨驗書畫直長祿米一石五升①。

知事祿米一石二斗。

令史三名，各支祿米一石五升。

蒙古必闍赤祿米一石五升。

回回令史祿米一石五升。

---

① 一石五升，倉聖本、四庫本作一石五斗。

通事禄米一石五升。

知印禄米一石五升。①

典書禄米一石。

奏差禄米一石。

管勾禄米一石。

公使人二名〔禄〕②米一石。

官吏添俸

051 大德十年七月十二日，秘書監准中書户部關：

光禄寺③、太常寺④等衙門官吏月支俸例，與秘書監見支俸例不同。本部議得：秘書監元係從三品級，今已陞爲正三品。所索添俸，除秘書監岳通奉等已支正三品俸，不須添給，其餘官吏人等，量擬到各各添支俸米，奏准换授月日，大德十年三月支付。緣本監俸給按月支請了當，

① 一石五升，四庫本同，倉聖本作一石五斗。南臺知印的禄米仍爲一石五升，見前引《南臺備要》相關條。

② 禄，原缺，倉聖本同，據四庫本補。

③ 光禄寺，秩正三品。掌起運米麴諸事，領尚飲、尚醖局，沿路酒坊，各路布種事。至元十五年置，屬宣徽院。

④ 太常寺，掌大禮樂、祭享宗廟社稷、封贈謚號等事。見《元史》卷八八「太常禮儀院」條。

如蒙准擬，自六月爲始支付①相應。得此，覆奉都堂鈞旨：送户部，依上施行。本部議擬到秘書監官吏月支俸米：

秘書監三員，今比依②利用卿等俸例，各月支俸鈔二定，米二石二斗五升。

少監六員，今比依利用少監俸例，各月支俸鈔一定四十兩，米一石六斗五升。

監丞三員，今比依利用監丞俸例，各月支俸鈔一定三十兩，米一石五斗五升。

典簿，今比依利用、中尚、章佩等監經歷，太常寺典簿俸例，月支俸鈔一定，米一石二斗五升。

令譯史、通事、知印、令史，今比依光禄寺令譯史、通事、知印俸例，各支俸鈔三十七兩，米一石一斗二升。

奏差二名，今比依光禄寺奏差俸例，各月支俸鈔二十二兩，米一石。

典書二名，今照得，光禄寺典吏月支俸鈔一十五兩、米一石，俸例相應，難議添給。

① 支付，倉聖本、四庫本作支俸，當從鈔本。
② 依，四庫本作擬，當從鈔本。

減米添俸①

052 至大三年正月二十九日，准中書户部關：

奉尚書省劄付，欽奉詔書内一款節該：「官吏禄薄，不能養廉，以致侵漁百姓，治效不修，尚書省從長計議頒給。」欽此。送本部，呈，照擬到各項事理。

至大二年十二月二十八日，只兒哈郎怯薛第三日，玉德殿西耳房内有時分，昔寶赤大都丞相、玉竜帖木兒丞相、寶兒赤朵烈禿、火者太順司徒、速古兒赤抹乞等有來，太尉脱脱丞相、太保三寶奴丞相、伯顔平章、忙哥帖木兒左丞相②等奏：「天下諸衙門官吏俸錢不敷的上頭，交俺商量了添與者，麽道行了詔書來。俺衆人商量來，隨朝衙門官員并軍官每，如今見請的俸錢内減了加五，改换與至元鈔，住支俸米。外任有職田的官員，三品的每年與禄米一伯石，四品的六十石，五品的五十石，六品的四十五石，七品以下的四十石。俸錢改支至元鈔，將職田拘收入官。

① 本條内容可與《元典章》卷一五《户部一》「禄廩・官吏添支俸米（至大二年）」條、「俸鈔改支至元拘職田支米」條及《通制條格》卷一三「禄令・俸禄職田（至大二年十二月）」條相互參照。

② 忙哥帖木兒左丞相，據《元史》卷一一二《宰相表上》記載，武宗至大二年、三年時有左丞忙哥帖木兒，或即此人。唯此處稱其爲左丞相，後文卷五「陰陽文書」條又作忙哥帖木兒丞相。武宗時遥授許多大臣爲左、右丞相，此人或亦遥授左丞相？

又外任宣慰司、軍官、雜職等官俸錢，十分中減去三分，餘上七分改支至元鈔兩。隨朝衙門、行省宣慰司的吏員俸（鈔）〔錢〕①減去加五，其餘鈔數與至元鈔，十兩以下每月與俸米五斗。外任行的小吏每的俸鈔，依數改作至元鈔，俸米依舊與呵。怎生？」奏呵，奉聖旨：「那般者。」欽此。議得：在都隨朝官吏俸秩，截自至大三年正月爲始，欽依支付。所據在外行省同隨朝衙門官吏并外任俸給，擬自文字到日爲始支付。都省：除外，合下仰照驗，就便行移諸衙門，欽依施行。

知秘書監月俸二定。

秘書監三員每員月俸二定。

少監四員每員月俸一定一十兩。

監丞二員每員月俸一定三兩三錢三分三厘。

典簿月俸三十三兩三錢三分三厘。

著作郎二員每員月俸四十兩。

著作佐郎二員每員月俸三十六兩六錢六分六厘。

秘書郎二員每員月俸三十六兩六錢六分六厘。

---

① 錢，原作鈔，據倉聖本、四庫本改。高本已檢出。

校書郎二員每員月俸三十兩。

辨驗書畫直長月俸二十兩。

令史三名每名月俸二十四兩六錢六分六厘。

知印二名每名月俸二十四兩六錢六分六厘。

蒙古必闍赤月俸二十四兩六錢六分六厘。

通事、回回令史每名月俸二十四兩六錢六分六厘。

奏差二名每名月俸一十四兩六錢六分六厘。

典書二名每名月俸一十兩，米五斗。

管勾月俸一十兩，米五斗。

典吏月俸一十兩，米五斗。

祇候一十三名各月鈔一十一兩六錢六分六厘。

減俸添米

053 延祐七年十一月二十七日，拜住怯薛第一日，嘉禧殿裏有時分，速古兒赤咬住、八里彎、必闍赤要束某、給事中桑哥失里、殿中帖木哥等有來，拜住丞相、塔失海牙平章、怯來參議、忽都不花郎中、脱亦那中丞等奏過事内一件：「大都爲振濟貧民，設立了十个鋪，賑糶糙粳米來。昨前奏過，添了二十萬糙粳米，做二〔十〕鋪①交賑糶來，根腳裏爲是救濟貧民糶的米有。如今多是官豪勢要并勾當裏行的人每，使人糴買的上頭，到不的②貧民每根底的一般。俺商量來，如今將在都各衙門官吏人等請的俸錢，十分内教與三分糙粳米呵，怎生？」奏呵，奉聖旨：「那般者。」欽此（此）③。都省議得：每糙粳米一石准中統鈔二十貫，照依各衙門官吏見請俸例欽依扣算。除該支五斗以上者依例折支〔外〕④，四斗以下畸零之數不須折支。就行各衙門，依上施行。

卿三員每員月俸至元鈔二定。今該支俸一定二十兩，米折鈔三十兩，該支米七石五斗。

太監二員每員月俸至元鈔一定三十三兩三錢三分三厘。今該支俸一定九兩三錢三分三厘，米折鈔二十四兩，該支米三石。

少監二員每員月俸至元鈔一定一十兩。今該支俸四十二兩，米折鈔一十八兩，該支米四石五斗。

監丞二員每員月俸至元鈔一定三兩三錢三分三厘。今該支俸三十九⑤兩三錢三分三厘，米折鈔一十四兩，

---

① 二十鋪，三本均作二鋪，據文義補十字。爲賑濟貧民，初設十个鋪，後上奏皇帝增添二十萬（石？）糙粳米，應增至二十个鋪。這一傳統可能延至順帝時期，但對米折鈔比例作了調整。參見下一條「增米石數」。

② 到不的，後文「增米石數」用到不得，較佳。

③ 此，衍字。

④ 外，據文義加。

⑤ 三十九，四庫本作三十三。

該支米三石五斗。

典簿月俸至元鈔三十三兩三錢三分三厘。今支俸二十五兩三錢三分三厘，米折鈔八兩，該支米二石。

著作郎二員每員月俸至元鈔四十兩。今支俸二十八兩，米折鈔①一十二兩，該支米三石。

著作佐郎二員每員月俸至元鈔三十六兩六錢六分六厘。今該支俸二十六兩六錢六分六厘，米折鈔一十兩，該支米二石五斗。

秘書郎二員每員月俸至元鈔三十六兩六錢六分六厘。今支俸二十六兩六錢六分六厘，米折鈔一十兩，該支米二石五斗。

校書郎二員每員月俸至元鈔三十兩。今支俸二十二兩，米折鈔八兩，該支米二石。

令史等六名每名月俸至元鈔二十四兩六錢六分六厘。今支俸一十八兩六錢六分六厘，米折鈔六兩，該支米一石五斗。

奏差二名每名月俸至元鈔一十兩，米五斗。

典書二名每名月俸至元鈔一十兩，米五斗。

祗候一十三名每名月俸至元鈔三兩，米一石。

---

① 米折鈔，原作「折米鈔」。據前文及倉聖本、四庫本改。以下著作佐郎至令史條中，相應部分有四處原作「折米鈔」，徑改爲「米折鈔」，不另出注。

增米石數

054 至元三年十一月，准中書户部關：

奉中書省判送，至元三年十一月初四日奏過事内一件，節該：「户部文書〔裏〕①呈：『在先，在京衙門官吏人等請俸的，俸錢十分内交與三分糙粳米者，麽〔道行了〕聖旨②，每石價鈔二十兩折着與來。即目賑濟貧民，設立着二十鋪賑糶米糧，官吏并勾當裏行的人每日用俸米不敷，使人糴買的上頭，貧民根底到不得一般有。如今官吏人等合得俸米，每石折鈔一十五兩，將減了的價錢米鈔相兼支付。』的説有。依部家定擬來的行呵，怎生？」奏呵，奉聖旨：「那般者。」欽此。

卿三員每員月支米七石五斗，續添折出米二石五斗。

太監一員月支米六石，續添折出米二石。

少監一員月支米四石五斗，續添折出米一石五斗。

監丞二員每員月支米三石五斗，續添出米一石。

---

① 裏，據文義加。

② 麽道行了聖旨，原作麽聖旨，據倉聖本、四庫本補道字，據文義補行了二字。

典簿月支米二石，續添折出米五斗。

著作郎月支俸米三石，續添折出米一石。

著作佐郎等四員每員月支米二石五斗，續添折出米五斗。

校書郎二員每員月支米二石五斗。

管勾月支米一石五斗，續添折出米五斗。

直長月支米一石五斗，續添折出米五斗。

令譯史等五名每名月支米一石五斗，續添折出米五斗。

奏差月俸一十兩六錢六分六厘，續添折不盡米鈔一兩，米一石。

典書二名每名月支俸十兩，續添折不盡米鈔五錢，米五斗。

典吏月支俸一十兩，續添折不盡米鈔五錢，米五斗。①

祗候一十二名每名月鈔三兩，米一石。

忙古歹養老俸

055 皇慶元年十一月，集賢大學士、中奉大夫、秘書監卿、提調回回司天臺事苫思丁，秘書少

---

① 此行原缺，據倉聖本、四庫本補。高本已檢出。兩書原作典史，今據前文徑改爲典吏。

監盛朝列等官，於今月十七日，有提調陰陽官曲出太保、也里牙①於當職等處傳奉聖旨，節該：

也可怯薛第一日，嘉禧殿内有時分，對亦只里不花王、速古兒赤月魯帖木兒、知院明里統哈、昔寶赤塔海、忽都魯亢沙兒②等有來，提調陰陽官曲出太保、也里牙〔奏〕③：「忙古歹交奏：『上位可憐見，忙古歹的孩兒阿里做秘書郎者，麽道〔聖旨〕④有來，如今都省給降敕牒，照會都與了也。父子兩个衙門裏晝字勾當呵，体面⑤不相似一般有。』上位可憐見呵，忙古歹不晝字，交他孩兒阿里，田惟真⑥不之任闕内，依着都省已降敕牒、照會，於秘書監裏勾當呵，怎生？」奏呵，奉聖旨：「忙古歹老也，有本事的人有，休晝字，依舊喫秘書卿俸錢，提調陰陽勾當者。阿里交秘書郎裏晝字勾當行者。」麽道聖旨了也。欽此。

---

① 也里牙，倉聖本、四庫本均漏里牙二字。高本已校。按也里牙，愛薛長子，於皇慶元年正月由崇福使加秦國公，後與帖木迭兒家族及月魯不花、明里董阿（即本條中之明里統哈）等人合謀毒害明宗。

② 忽都魯亢沙兒，亢沙兒，元代文獻罕見，當有誤。

③ 奏，據文義補。此次上奏者應爲曲出太保、也里牙二人，奏文中轉述了忙古歹的請求。

④ 聖旨，據文義補。「忙古歹的孩兒阿里做秘書郎者」應是皇帝此前説過的話。

⑤ 体面，較爲罕見，且語義不協，或爲体例之誤。

⑥ 田惟真，四庫本同，倉聖本誤作惟田真。本書卷十「著作佐郎」題名中有人名田惟貞，「延祐二年九月初一日以從仕郎上」。當即此人。此條記載時，田惟真（貞）尚未陞爲著作佐郎，其職位仍是秘書郎，因某種原因不在任上，故由阿里補其闕。唯不明真、貞何者爲是。

秘書志卷第三

印章

秘書監印一，分監印一，監、少監亦各有職印。印如其品，皆鑄以銅，直鈕，篆以國字，以銀龜爲匣。後職印廢，監陞正三品，印易以銀，給雙銀盝，右貯印，左函朱，聯以韋笈，茵褥副焉。分監印亦如之。幕府曰經歷，曰典簿，印隨號改。秘書郎職管鑰，給印一。管勾掌故牘，給印一。皆鑄以銅，直紐，龜匣。

監印

056 至元十年二月，秘書監承奉中書省劄〔付〕①，照會本監官員欽授宣命勾當事。奉此。所有本監行用印信及各官職印，俱未蒙給降，乞賜鑄給施行。

---

① 付，據文義補。劄付有時也略稱劄，但多與其前的中書省一起略稱「省劄」。

秘書監印及龜盒袱褥

各官職印：

太中大夫、秘書監

中順大夫、禮部侍郎、知侍儀事、兼秘書少監

中順大夫、引進使、知侍儀事、兼秘書少監

057 至元十年三月，中書省送吏禮（布）〔部〕①，依例鑄造到下項印信，封面發到。

從三品印一樣二顆：

秘書監印、秘書監之印

正四品〔印〕②一樣二顆：

---

① 吏禮部，部原作布，聲近致誤，據倉聖本、四庫本改。世祖中統元年以吏、户、禮爲左三部（兵、刑、工爲右三部），至元元年以吏禮自爲一部（户部爲一部），三年復爲左三部，五年又爲吏禮部，七年始立尚書六部，八年尚書併入中書，仍爲吏禮部，十三年定制，各部分置。參見《元史・百官一》。此時正爲吏、禮合爲一部期間，故稱吏禮部，但有時似又簡稱吏部。參見後文「分監印」「職印」條。

② 印，據上下文義補。

禮部侍郎、知侍儀事、兼秘書少監印

引進使、知侍儀事、兼秘書少監印

龜盒袱褥

058 至元十年五月，秘書監蒙中書省分付下監印龜盒、袱褥一副

銀葉裹木龜(兒)〔盒〕①一个

銀盒子一个，重五兩九錢

紫羅夾褥一个

紅貯絲褥子一个

分監印

059 至元十二年六月二十二日，秘書監呈：「據本監隨逐車駕，别無分監印信。切見在京諸衙門俱有分司印信。」具呈，奉都堂鈞旨：「送吏部②依例施行。」當部送鑄印局，鑄造到從三品銅印一顆，隨關發去，請照驗收管。

① 龜盒，原作龜兒，倉聖本、四庫本同，據前文「監印龜盒」改。

② 吏部，據《元史》卷八五《百官一》，至元八年至十三年間吏禮合爲一部，此處及以下「職印」（至元十年閏六月）條均稱吏部，或漏禮字，或以吏部代稱吏禮部。

職印

060 至元十年閏六月初七日，中書吏部承奉中書省判送，爲秘書監扎馬剌丁職印事。送鑄印局翟成，依例鑄造。

061 至元十四年十二月初一日，中書禮部承奉中書省判送，秘書監焦秘書給職印〔事〕①。奉都堂鈞旨：「送部，照例鑄訖呈省。」奉此。送鑄印局依例鑄到秘書監從三品銅印一顆，隨此發去，請照驗收管。

正三品印

062 大德九年十月二十五日，准中書禮部關：

奉中書省判送，大德九年七月十三日奏過事内一件：「秘書監官人每〔俺〕②根底與文書，『俺的衙門自至元九年設立，定作從三品來，其餘監分即漸陞了有』麽道指例説有。俺商量來，掌管禁書自前立來的，不比其余衙門有，他每的言語是的一般。依着〔别〕③个監分体例，陞做

---

① 事，據文義補。

② 俺，三本均無此字，據卷一「陞正三品」及「設典簿」條補。此處所補俺字指中書省官員，後文「俺的衙門」指秘書監。

③ 别，據前文補，參見前注。

正三品呵，怎生？」奏呵，奉聖旨：「那般者。」欽此。除外，都省：合下，仰照驗。據本監行使正三品銀印，依例鑄造完備，封面呈省。卻將舊(邱)〔印〕①拘收，依例施行。

分監銀印

063 大德十年三月十二日，准中書禮部關：

奉中書省判送，本部呈，准秘書監關：「大德九年七月十三日奏准，秘書監改做正三品衙門，本監行使印信二顆，上都鑄訖分監銀印一顆，外有印一顆，并合用櫃盒一付，未經鑄造。」本部計料到銀兩等物。議得：「分監印信，上都已行鑄給。大都行使印信，擬合依例倒鑄秘書監正三品銀印一顆，發付行用，追毀舊印相應。」奉都堂鈞旨：「送禮部，更爲照勘無差，依例鑄給施行」。

櫃盒

064 大德十年三月十一日，准中書工部關：來文，「本監正三品印銀櫃盒二副，卻將替下舊小銀盒一副，差委奏差馬克明賫擎，隨此發去，請收管施行。」

典簿印

065 大德十年九月，准中書禮部關：

---

① 印，原誤作邱，據倉聖本、四庫本改。

奉中書省判送，本部呈，准秘書監關：「本監典簿并秘書郎闕印。」本部移准吏部關：「照得，秘書監陞爲正三品，典簿從七品，秘書郎正七品級。」鑄印局申：「檢照不見秘書郎印例，於黑印簿内照得典簿印，俱係從七品。上項印信俱未鑄給。」議得：「秘書監典簿等，今既照勘，准設品級，印例明白，合准本監所擬，鑄造發付行用相應。」具呈，奉都堂鈞旨：「秘書郎設置已久，不須降印外，據典簿印信，送禮部依上施行。」

經歷司印

066 至元二十二年六月二十五日，〔准〕①中書禮部關：

承奉都堂鈞旨，送〔本部〕②，秘書監呈：照（據）〔擬〕③經歷司印事。當部〔議〕得④：「秘書監經歷司既無印信，擬合依例鑄造從七品秘書監經歷司銅印一顆，發下行用相應。」呈（准）〔奉〕⑤

---

① 准，據文義補。

② 本部，據上下文補。此條内容是由秘書監發起，請求「照擬經歷司印」的公文，但在行移路徑上則超出常規。具體路徑似爲：秘書監未經禮部，直接呈都堂，都堂命禮部議擬，禮部議擬後再呈都堂，都堂批閱後返禮部，禮部移關秘書監。故送字後當省略了本部二字。

③ 擬，原作據，據倉聖本、四庫本改。

④ 議得，議字原缺，倉聖本、四庫本同，據文義補。

⑤ 奉，原作准，據文義改。

都堂鈞旨：「行下鑄印局，依例鑄造。」

毁經歷司印

067 至元二十四年二月十四日，本監經歷郝景呈：「已蒙中書省裁減，本監經歷司所有卑職元掌經歷司銅印一顆，四角篆文全。呈乞照詳。」中書禮部送鑄印局，依例銷毁作數。

秘書郎印

068（元）〔延〕祐①五年四月十二日，秘書郎任將仕於嘉禧殿西主廊前，有本監卿譚大學士傳奉聖旨，分付到禮部鑄造到秘書郎銅印一顆，欽依行使。

管勾印

069 元統二年八月十六日，准中書禮部關：

奉中書省判送，本部呈，准秘書監關，據管勾苫思丁狀呈：「切照設官分職，各有攸司。卑職與太府（寺）監②管勾俱係正八品級，又兼專管御覽圖畫禁書經典一切文字，不爲不重。在前

① 延祐，原作元祐，元無元祐年號，據目録改。四庫本亦誤作元祐，倉聖本不誤。

② 太府監，原作太府寺監，三本均同，疑寺爲衍字。《元史·百官六》載：太府監，秩正三品。領左、右藏等庫，掌錢帛出納之數……中統四年置，至元四年，爲宣徽太府監……八年，陞正二品。大德九年，改爲院……至大四年，復爲監。

初立本監，權設管勾，止授中書吏部劄付，即與改授敕牒流官大有不同。如蒙比例給降行使印信，庶免白文字窒礙禁例，官不虛設，事得成就。」具呈照詳。得此，參詳：「上項印信即係創索，擬合比依尚乘寺管勾承發架閣庫印例，鑄造從八品銅印一顆，給付相應。」具呈，奉都堂鈞旨：「連送禮部，依上施行。」①

廨宇

京師省府有二：一在鳳池坊北，中書省治也；一在宮城南之東壁，尚書省治也。尚書省廢，故秘書恒與兵、禮二部易地而治，經典庋閣、聽堂局曹宇與事稱。今述其更徙之故，而不詳其制度云。

廨宇

070 至元十二年正月十一日，本監官焦秘監、趙侍郎及司天臺鮮于少監，一同就皇城内暖

---

① 除以上記載各種印外，《元史》卷四二《順帝五》至正九年六月丙子條載一小玉印：「刻小玉印，以至正珍秘爲文，凡秘書監所掌書畫，皆識之。」

殿裏，董八哥①做怯里馬赤，奏：「去年太保在時欽奉聖旨，於大都東南文明地上，相驗下起蓋司天臺(廟)〔廨〕②宇及秘書監田地，不曾興工。如今春間，若便蓋(廟)〔廨〕宇房舍，工役大有，先交築墻呵，怎生？」奉聖旨：「墻先築者，後(廟)〔廨〕宇房子也蓋者。」欽此。

係官房立監

071 至元二十一年二月十二日，近爲諸衙門迁往大都，惟本監未曾標撥，乞於大都係官房院立監，於元撥定地内起蓋。所有③本監官吏，亦合依例一就標撥居止地面。照得，當監見有房舍大小三十間，尚有未敷。移關工部，標撥施行。

廨宇(又)

072 至元二十三年三月初七日，嘉議大夫秘書監扎馬剌丁於二月十一日，也可怯薛第二日，對月赤徹兒、秃秃哈、速古兒赤白顔④、怯憐馬赤愛薛等，就(得)〔德〕仁府⑤斡耳朵裏

---

① 董八哥，當指董文忠，《元史》一四八《董俊傳附文忠》載：文忠，字彦誠，董俊第八子，世祖居益近密，嘗呼董八而不名。

② 廨，原作廟，據文義改，以下二處同。

③ 所有，原作有所，據倉聖本、四庫本改。

④ 白顔，卷四「地理奏文」條作伯顏。

⑤ 德仁府，德原作得，據後文卷四「地理奏文」條改。

有時分，當職同阿兒渾撒里①奏過下項事理，除已蒙〔古〕文字具呈中書省照詳〔外〕②，〔欽依〕施行。③

一奏：「如今皇帝聖旨裏，『教秘書監編修地(裏)〔理〕④文書者』麽道。秘書監裏勾當裏行的人都在大都裏住有，秘書監在舊城裏頭有，來往生受有，勾當也悞了有。大都裏頭一個織可單絲紬的局有，那裏頭〔別〕⑤个人住有。那的〔每〕⑥交移的舊城裏入去做生活(者)⑦，那局根底做秘書監呵，怎生？」麽道奏呵，〔奉聖旨〕⑧：「省官人每根底説者，那的中呵，與者。不中

---

① 阿兒渾撒里，又作阿剌渾撒里、阿魯渾撒里、阿剌渾薩里、阿剌渾薩理等，畏兀兒人，仕世祖、成宗兩朝，官至集賢院使、領太史院事、中書平章政事等。見《元史》卷一三〇《阿魯渾薩理傳》。
② 古、外二字，三本均無，據後文卷四「地理奏文(至元二十三年三月初七日)」條補。
③ 欽依，據文義補。
④ 理，原作裏，倉聖本同，據文義及四庫本改。
⑤ 別，據文義補。
⑥ 每，據文義補。「那的每」，元代公文常用語，表複數，意爲「那些人」。後文出現的「那的」，表單數，指地點，與此不同。
⑦ 者，疑衍。
⑧ 奉聖旨，據文義補。蓋聖旨二字爲抬頭字，抄寫者漏抄，奉與另一個理應抬頭的奏字相似，抄寫者以爲衍文而未抄。

呵，别个房子與者。無呵，道與那（壞）〔懷〕①〔每〕②教蓋與者。」麽道聖旨了也。

一奏：「舊城裏頭的秘書監房子每是我的有來，如今秘書監移出去了呵，那房子我坼將來，大都裏頭蓋房子呵，怎生？」麽道奏呵，「你要者。」麽道，聖旨了也。

移入禮部

073 至元二十四年六月十一日，尚書工部③：

來呈，「本監於舊禮部置監，明文關來事」。准此。照得，先承奉尚書省判送，秘書監呈，有監官劉朝列、蘇奉訓尚書省稟奉都堂鈞旨：「般移將舊禮部裏去者。」奉此。呈乞照詳，批奉都堂鈞旨：「送工部，依上施行。」

074 至大元年六月十六日，奉都堂鈞旨：「本監般移將舊禮部裏去者。」奉此。

---

① 那懷，懷原作壞，據卷四《纂修》「節次奏文」條改。《元史》卷一二《世祖九》載：「至元十九年春……二月辛卯朔……命司徒阿你哥、行工部尚書納懷制飾銅輪儀表刻漏。」此納懷或爲同一人。那懷，蒙古語 noqai，意爲狗，人名常見。

② 每，原空一格，倉聖本同，四庫本作損，據文義補每。公文中偶用等字代每。

③ 尚書工部，據公文行移體例，當作「准尚書工部關」，但有時省略准、關二字。

泉府作秘書監

075 至大四年五月十四日，本監典簿劉復初呈：當日面奉左司官楊都事、張都事傳奉都堂鈞旨，於本月十二日欽奉聖旨：「泉府院廨宇撥作秘書監，便交般移書畫者。」欽此。具呈照詳。

076 至大四年六月二十五日，准中書禮部關：

奉中書省劄付，至大四年五月十二日，月赤察兒太師怯薛第三日，吾①殿西壁火兒赤房子裏有時分，忽都魯都兒（述）〔迷〕失②學士、九耀奴等有來，李平章、察罕參政、回回參議、秃兒哈帖木兒參議、忽都不花都事等奏過事内一件：「泉府司併入户部了也，將那廨宇教做秘書監呵，怎生？」奏呵，奉聖旨：「那般者。」欽此。都省：合下，仰照驗施行。奉此，關請照驗。

---

① 吾，倉聖本同，四庫本作正。

② 迷，原作述。按忽都魯都兒迷失，後文作忽都魯秃兒迷失。畏兀兒人，仁宗時任翰林學士承旨。

般監

077 皇慶元年三月十七日，監丞賈奉訓①、秘書郎何奉訓②稟奉都堂鈞旨：「仰本監依舊移於北省禮部置者。」

兵部作秘書監

078 至治二年十月二十九日，准中書禮部關：

當月二十八日，本部尚書(呵)〔阿〕不花③正議傳④都堂鈞旨：「秘書監御覽禁書，教移將南省兵部裏權且收頓者。」奉此。照得，先蒙右司省掾尚愚仲傳奉都堂鈞旨：「秘書監移將更鼓樓後宗仁衛⑤衙門裏去者。那裏頭見安下的使臣兑那與正斤⑥，盛頓御覽禁書者。」奉此。已下會

---

① 賈奉訓，本書卷九《題名》之「秘書監丞」條目載：「賈汝立，至大四年閏七月二十日上。」或即此人。

② 何奉訓，本書卷十《題名》之「秘書郎」條目載：「何守謙，至大二年十二月十一日以承直郎上，陞奉訓大夫。」當即此人。

③ 阿不花，原作呵不花，據倉聖本改，四庫本改做阿布哈。本書多將阿誤爲呵。

④ 據後文，傳字後似漏一奉字。

⑤ 宗仁衛，即宗仁蒙古侍衛親軍指揮使司，至治二年設，命右丞相拜住總衛事，給降虎符牌面，如右衛率府，又置行軍千户所隸焉。參見《元史》卷九九《兵志二》。

⑥ 斤，倉聖本同，四庫本作廳。

同館外，關請照驗。

分監

車駕歲清署上京，丞相率百官各奉職分司扈從。秘府亦佩分監印，輦圖籍在行間，所以供考文、備御覽者，視它職爲華要。

分監書籍

079 大德五年四月二十日，據知印申居仁呈，奉監官台旨：「關取下項合用書籍，用站車載赴上都者。」奉此。

關（二伯三十九）〔八伯六十〕册①：

《通鑑》六伯九十册

《太平御覽》一伯五十册

《通典》二十册

---

① 八伯六十册，原作二伯三十九册，倉聖本同，據四庫本改。

080 大德七年三月二十六日，蒙昭文館大學士省會：年例分監上都合用書籍，教差定人吏管押站車上來者。

《太平御覽》　《通典》

《事文類聚》①　《播芳》

081 延祐二年四月十二日②，照得，年例分監上都，以備《御覽》、《通鑑》等書籍，及裝載站車、打角柳箱、蓆索等物行移，依例應付。奉此。

書籍：

《通鑑》一部　《播芳》一部

《太平御覽》一部　《春秋》一部

《周禮》一部　《禮記》一部

《通典》一部　《尚書》一部

---

① 《事文類聚》，倉聖本、四庫本作《事類文集》。

② 十二日，倉聖本、四庫本作十六日。高本已檢出。

打角物件：

柳箱子四个　葦蓆四領

單三索四條　連邊紙

裝（裝）①載站車一輛，全掛頭疋，并差去人飯食分例。

管押人：

王鑑　朱仲寶　陸八剌沙　師贇

公移

秘府奉圖史，無倥傯之務，簡牘希闊，公會有期，郎吏陟降，堂序進退、揖諾，禮容甚都。凡器用簡札、飲食之需、趍走之徒畢具。朝廷所以優待（大）〔文〕臣②者周矣。

行移

082 至元十年十二月初四日，承奉中書省劄付，照會與各部平牒事。

---

① 原文衍一「裝」字，據四庫本删。高本已校。

② 文臣，原作大臣，據倉聖本、四庫本改。

083 至元十三年三月初二日，中書禮部：承奉中書省判送，吏禮房呈，據吏部呈，奉省判：「翰林兼國史院與秘書監行移〔事〕①」。本部照得，即目隨朝衙門亦有五品與三品平牒行移。參詳：「翰林兼國史院與秘書監爲無關攝，比及通〔行〕②定奪以來，擬合依舊行移。」呈奉都堂鈞旨：「准呈」。

084 至元十五年六月二十五日，中書禮部③：

來呈，「監官俱赴上都，蒙本監擬委權監勾當，即不見于各衙門如何行移，乞定奪事。」省部議得：「既是秘書監官俱赴上都，委令申傑收掌印信，權管監事。凡有印造曆日等事，擬合具呈省部。」呈奉到都堂鈞旨：「送本部，照例施行。」奉此。省部照得：「通政院都事權管院事，各部

---

① 事，據文義補。

② 通行，行字三本均脱，據文義補。按通行，元代公文常用語。《元典章》卷三六《兵部三》「品從鋪馬例」條：「至元八年三月，尚書兵部承奉尚書省劄付：先據御史臺備山東東西道按察司申，照得各路官員應起鋪馬自行出給，有品同起馬多少不一，别無定例，乞通行定奪……」通行，猶言「統一」。

③ 通常在禮部後用「關」字，大概因權管監事的地位較低（申傑於至元十六年由令史陞經歷），不知用何字妥當，暫時作空格。

符下。據權(官)〔管〕①秘書監事，比及秘監官還監以來，依奉都堂鈞旨，權令依例申呈省部。」

085 至元二十年八月初二日，准中書禮部關：

承奉中書省劄付，近據樞密院呈：「不見本院與宣徽院行移体例。」詹事院呈：「乞定奪隨朝衙門行移事。」都省議擬到諸衙門各各往復行移体例，開坐前去。合下，仰照驗，行移合屬照會施行。

六部與樞密院、詹事院、宣徽院、衛尉院、通政院、都功德使司各無行移。若有相干公事，下各衙門經歷司、司儀司。其於大都上都留守司、翰林(院)〔國〕史集賢院②、翰林院、省斷事官、太府監、大理寺、太常寺、秘書監、太史院並往復平牒，諸路打捕鷹房總(房)〔管〕府③、護國仁王寺總管府并聽符下。

086 至元二十二年七月，本監准中書吏部關：

承奉中書省判送，秘書監呈：「奉中書户部劄付，爲起移官吏事。除外。議得，舊例與翰林院往復平牒，太常寺、留守司平關。雖奉户部劄付，未曾承奉都省明文與六部如何行移。」奉都

---

① 權管，原作權官，據文義及四庫本改。

② 翰林國史集賢院，國原作院，據倉聖本、四庫本改。

③ 諸路打捕鷹房總管府，管原誤作房，據倉聖本、四庫本改。

堂鈞旨：「送吏部，依例施行。」奉此。移准禮部關，照得，近奉都省劄付：「欽奉聖旨節文：六部陞爲(三)〔二〕①品，其餘二品衙門咨(文)〔部〕②，三品以下申部。」以此本部議擬，呈准都堂鈞旨：「内三品衙門依都省劄付樞密院例行移，回報申。」移咨各部照會了當。次後卻奉都堂劄付：「欽奉聖旨節文：『六部依舊做三品者。』欽此。」除外，今准前因，照得，六部與諸衙門今依舊行移。批奉都堂鈞旨：送本部，依例施行。

087 至元二十九年五月二十六日，本監奉中書省劄付：

照得，隨朝衙門與六部已有行移定例，從七品已下人員，例從吏部擬注。今有各衙〔門〕③呈保譯史、令史、宣使、奏差、典吏人等，似此細事，不行移關吏部定奪，俱各(經)〔徑〕直④呈省，不唯逗留文繁，有妨政事。都省：除外，合下仰照驗。今後行移各部，依例施行。

---

① 二，原作三，諸本均同，皆誤。據《元史》卷一三《世祖十》載，至元二十二年春正月，「陞六部爲二品」。夏四月，「改六部依舊爲三品」。本條所記正爲此間事。

② 部，原誤作文，據文義及倉聖本、四庫本改。

③ 門，據文義補。

④ 徑直，原作經直，他二本同。按徑直，元代公文常用語。《元典章》等書常見，意爲「直接」。

088 至元三十年五月十五日，本監奉中書省劄付：

蒙古奏事譯該：至元三十年四月十三日奏過事内一件：「省裏文書多聚有，聚的緣故，官裏根底近行的二品衙門裏官人每，與六部不行移文書有。俺根底與文書，俺轉與六部家文書有，爲那上頭，往來遲悮着勾當有。今後這衙門與六部（文）〔交〕①行移呵，〔怎生？〕」〔奉聖旨〕②：「那般者，依着恁的言語〔行〕③者。」聖旨了也。欽此。都省議得，隨朝二品衙門，除見帶一品官爵人員遇六部行移，依例止押檢目，不須署押關文。除外，合下，仰照驗，欽依施行。

什物

文割泉府鋪陳

089 至大四年十二月二十八日，據架閣庫管勾李恕呈：奉指揮，同奏差李居真與工部所差

---

① 交，原作文，字形相近致誤。據倉聖本、四庫本改。

② 怎生奉聖旨，以上五字據文義加。

③ 行，原脱，他二本同，據文義補。「依着……行」，爲一句式，無行字則少動詞，不成句。

覆實司〔司〕吏①王伯隆從實交割到泉府院鋪陳、什物數目。

鋪陳：

厚座子二十二个

絨錦長條子一个

絨錦短條子四个②

舊梅紅長條子一个

什物：

書案六个，案衣全　腳踏五个

印卓子一个，印衣全

（車）〔卓〕③子兩个　舊氈簾一個

---

① 覆實司司吏，原作覆實司吏。元初爲分揀造作生活好歹，體覆絲料盡實使用不使用，和買估價等事設立覆實司衙門，後經多次廢立。參見《元典章》卷五八《工部一》「講究織造段疋」條。又《元史》卷八四《選舉四》載：「（至元）十四年，省准：覆實司司吏，俱授吏部劄付，如歷九十月，擬於中州都目內遷，若不滿考及六十月，於下州吏目內任用，有闕以相應人發充。」疑王伯隆的職務爲覆實司司吏，原脱一司字。

② 四，倉聖本、四庫本均作一。高本已檢出。

③ 卓，原作車，倉聖本、四庫本作桌，鈔本常用卓。

舊鵝項凳子兩个

鐵火盆一个，火架全

沿邊紅竹簾一个

破㡦風三付　葦簾一个①

獨食卓子八个　鍋一口

紅酒局子一个

大紅盤子兩个

紅小粉盤子十一个

大鍋一口　〔腳〕②踏子一个

鐵火盆一个，架子全

書卷卓子一个

厚座子二个　紅條子二个

---

① 葦簾一个，倉聖本、四庫本缺此四字。

② 腳，據四庫本補。

（紅余）〔緑條〕①子二个

紙劄

紙劄

090 至元十年十一月呈：夾紙一伯張，線紙二伯張，撿紙一伯張，印色心紅三兩。

091 至元十二年十月十一日，本監照得，十月分令史紙札等未曾關支。

夾紙五十張　線紙一伯張

撿紙五十張　印色心紅一兩

中書省判送，議得，秘書監呈：「整理秘②書漸多，元關紙札不敷，（今）〔乞〕③添支事。」送本

---

① 緑條，原作紅余，倉聖本作紅條，四庫本作緑條。因紅條前已出現，兹據四庫本改。

② 倉聖本此處出現錯葉，誤將下文「公用銀器」中「兩係十成色」起，至「食本」條「奎章閣營運錢內翰林」止，約一葉內容竄入。或許王國維意識到文義不通，特空出五格。今觀四庫本，與鈔本一致，內容未見缺失，無需空字。高本已據鈔本校正。

③ 乞添支事，乞原作今，倉聖本、四庫本同。按此條公文爲秘書監就「添支紙札」一事向中書省呈文提出請求，公文中下對上的請求常用「乞……事」句式。如「乞禁約事」「乞明降事」「乞降聖旨事」等等，故改今爲乞。

部〔議〕擬①：「自至元十三年正月爲始，約量添支夾、綫紙各五十張，似爲相應。」覆奉都堂鈞旨：「准呈，（似）〔依〕②數放支者。」

092 至元十五年正月，照得，本監春季紙札、心紅未曾關支。開坐，移關中書户部，依〔例〕③放支。

夾紙三伯張　　綫紙四百五十張

撿紙一百五十張

印色心紅三兩

公用銀器

093 至元④二年四月十二日，秘監密邇謨龢麽提調制造公用銀器，送架閣庫依數收貯，聽候公用。

一，鍍金舡臺盞一付，重八兩五錢，九成色

---

① 議擬，原無議字，據文義補。

② 依，原作似，據文義及公牘句式改。元代公牘常用「如數放支」「依數放支」，但不用「似數放支」。

③ 例，據倉聖本、四庫本補。

④ 至元，四庫本同，倉聖本作後至元，後字當爲後人所加。

一，鍍金臺盞一付，重四兩，九成色

一，銀壺瓶、盂子各一件，重二十七兩，係十成色

壺瓶一个，重二十兩

盂子一个，重七兩

食本

食本

094 至正元年閏五月初九日，准中書户部關：

至正元年四月二十四日，阿魯禿①怯薛第二日，大口納鉢斡脱②裏有時分，速古兒赤桑哥失里③、

---

① 阿魯禿，又作阿魯圖，博爾朮四世孫，木剌忽子。由經正監襲職爲怯薛官，掌環衛，遂拜翰林學士承旨，遷知樞密院事。至元三年，襲封廣平王。至正四年，拜右丞相，兼修國史。六年罷相。十一年復起爲太傅，出守和林，薨。

② 大口納鉢斡脱，大口乃大都北邊門户至上京之第一程。納鉢，遼曰捺鉢，皇帝四時漁獵，稱行帳爲捺鉢，漢語譯作「行在」，金、元沿襲。斡脱，常做斡耳朵、斡兒朵，爲蒙古語 ordo 的音譯，意爲宫帳。

③ 桑哥失里，元代名桑哥失里者甚多，此人事跡未詳。

必闍赤沙加班、云都赤蠻子、殿中揑烈禿、給事中帖木兒不花等有來，衆省官商量了，别兒怯不花①平章、也先帖木兒②平章、帖木兒塔失③平章、阿魯右丞、許左丞④、佛住參政、孛羅帖木兒參議、沙班參議、拜住郎中、蠻子員外郎、察兒吉台都事、直省舍人倉赤、哈剌帖木兒、蒙古必闍赤都馬、不顏帖木兒等奏過事内一件：「奎章閣營運錢内，翰林院裏與三（件）〔阡〕⑤定，秘書監裏與壹阡定鈔，交做堂食錢呵，怎生？」奏呵，奉聖旨：「那般者。」欽此。⑥

營運鈔定借使

095 至正二年正月⑦，覆奉監官議得：「上項營運鈔定，諸人借使，監官不過中統鈔伍拾定，

---

① 别兒怯不花，字大用，燕只吉歹氏，官至右丞相。事跡見《元史》卷一四〇本傳。

② 也先帖木兒，元代此名者甚多。至正三年十月時此人仍爲平章，同時期同名者還有御史大夫也先帖木兒，宣徽院使也先帖木兒。參見《元史》卷七七《祭祀六》。

③ 帖木兒塔失，又作鐵木兒塔識、鐵木兒達識。《元史》卷四〇《順帝三》至正元年夏四月庚申條：「命中書右丞鐵木兒塔識爲平章政事，阿魯爲右丞，許有壬爲左丞。」又見同書卷七七《祭祀六》。

④ 許左丞，應指許有壬。參見前注。

⑤ 阡，原作件，據文義及後文改。倉聖本作千，四庫本作阡。

⑥ 以下原空八行。

⑦ 正月，倉聖本作五月，高本已檢出。四庫本作正月。

屬官叁拾定，令譯史貳拾定，典書人等壹拾伍定，月息壹分伍厘。必須明白開寫正借錢人、代保人元附籍貫，見任職役，事産。借錢人或遇别有迁除得代，本息納足方許給由。如有拖欠利息，隨于代保人名下月俸内捎除還官。若上項正借錢人鈔定不完，代保人告滿，文解亦不行給付。借錢人雖在無錢，將事産折挫入官外，不敷之數，代保人名下一面追徵，事産亦行折挫。凡借錢人文契，典簿廳受訖呈監，然後用半印勘合，行下架閣庫收受的契，方許放支鈔定。仍具出庫起息年月，明白開呈。仍下典簿廳，以備查勘。委自太監以下正官一員，每季一次提調，下季不過孟月初五日，明白開寫見在并已借未收實欠備細數目，移文本監，轉關下次提調官照驗施行。凡典簿廳呈到諸人借錢文契，須要提調官與監官相參署押，行下架閣庫放支施行。仰移關提調官監丞王道奉議，仍下典簿廳、架閣庫照驗，依上施行。」奉此。

公使人

公使人

096 至元十年十月爲始，設公使人五名，月俸三兩。

097 至元二十二年　月　日，每名月支鈔七兩五錢。①

守兵

看監軍

098 大德元年四月二十五日，秘書監照得：自至元十年設立秘書監，置庫收掌應有禁書陰陽文字，爲無處軍（着）〔看〕守②，恐致疏虞，擬撥守護處軍三名。具呈中書省，蒙撥到處軍二名，常川守護。

---

① 以下原空八行。

② 看守，原作着守，倉聖本作著守，據文義及四庫本改，以下又有三處，徑改。元代專設看守軍，《元史》卷九九《兵志二》「宿衛、鎮戍」：「守護天子之帑藏，則曰看守軍。」又《元典章》卷三四《兵部一》「占使・看守倉庫軍」條：「延祐四年七月，行臺劄付，准御史臺咨，奉中書省劄付，樞密院呈：延祐四年閏正月十三日奏：『甘州、肅州有的倉庫，用着三千名軍看守，麽道說將來有。俺商量來，於附近管的軍內差一千名交看守倉庫。在前似這般看守倉庫的軍人，省官人每多占使麽道說有來。今後似這般占使軍人呵，交監察廉訪司官好生用心體察呵，怎生？議定來。』麽道奏呵，奉聖旨：『那般者』。欽此……」以上兩例足證，着守、著守應作看守。

099 至元十四年①，呈中書省，送兵刑部，擬添處軍一名，與元撥處軍二名一同(着)〔看〕守。呈奉都堂鈞旨，准呈了當。在監處軍三名(着)〔看〕守。

100 大德五年六月十四日，武衛親軍百户完顔(壞)〔懷〕義②，蒙武衛親軍都指揮使司備奉上司文字，欽奉聖旨：「秘書監裱褙佛像書畫等，差委(壞)〔懷〕義將引軍一十名(着)〔看〕守，(兵)〔供〕③作勾當。」欽此。照得，上項軍人各請口糧，一總計軍一十名，自大德五年四月初一日爲始，至六月終，内除四月、六月小盡二日不支外，每名該支米八斗八升。

工匠

書畫匠冬衣

101 大德五年八月初六日，秘書監據知書畫支分裱褙人王芝呈：近蒙都省欽奉聖旨裱褙

---

① 至元十四年，倉聖本、四庫本同。此條内容似與前條有承繼關係，但大德後無至元十四年，疑有誤。
② 懷義，原作壞義，據四庫本改。「懷義」人名常見。
③ 供，原作兵，據倉聖本、四庫本改。

書畫，差官前到杭州，取發芝并匠人陸德祥等共五名，馳驛前來秘書監褾褙書畫勾當。所據芝等夏衣已蒙關支，所有冬衣，合行開坐。具呈，乞賜依例放支。

總計五名：

知書畫支分褾褙人一名：王芝

褾褙匠三名：陸德祥　馮斌　尤誠

接手從人一名：陳德

書畫匠鹽糧

102 至元二十一年十月十三日，秘書監據本監管勾董濟呈：本監褾褙人匠趙得秀等，除已支夏季四月至閏（六）〔五〕月①鹽糧外，有秋季六月②至九月合支鹽糧數目，開坐具呈。得此，關户部，依例放支。

---

① 閏五月，原作閏六月，倉聖本、四庫本同，據文義改。按至元二十一年有閏五月，無閏六月。依管勾董濟描述，趙得秀等人至元二十一年「鹽糧」，四、五、閏五月（算作夏季）已支，此次所列爲六、七、八、九四個月（算秋季）部分。換言之，朝廷按常年每季三個月計算已支付夏季「鹽糧」，但因本年有閏五月，尚有四個月部分未支。後文「四个月總該白米一石二斗」可證。

② 六月，四庫本作七月，誤。

一總：

白米二石四斗

白麵一百二十斤

鈔一十〔二〕兩①

趙得秀每月白米三斗，白麵一十五斤，鈔一兩五錢。四个月總該〔白〕②米一石二斗，白麵六十斤，鈔六兩。

張栢松每月白米三斗，白麵一十五斤，鈔一兩五錢。四个月計該白米一石二斗，白麵六十斤，鈔六兩。

雜録

權留知事

103 大德五年三月，准中書吏部關：

---

① 一十二兩，原作一十兩，倉聖本、四庫本同，據文義補。

② 白，據後文補。

來文，本監減提控案牘，設知事一。即目欽奉聖旨裱褙書畫，止有提控案牘一員提調，候知事到任，至日代替，庶不失悮，請照驗事。准此。除知事另行外，關請照驗。

監官到任畫字

104 延祐三年九月初七日，也先帖木兒怯薛第二日，嘉禧殿内有時分，本監官守司徒苦思丁①，對曲出太保、昔寶赤薛兒帖該、怯烈馬赤②也里牙等有來。苦思丁奏：「馮少監如今教做太監，蕭同知做少監。阿的迷失、張少監他每都是先勾當來的人有，如今遞陞的新入來的，要他每舊勾當的之上畫字有，我他每根底依例説呵，他每不聽有。」麽道奏呵，奉聖旨：「那般体例那裏有？隨朝衙門有先來後到，教遞陞的馮（增）〔僧〕兒③，阿的迷失之下畫字者。蕭少監，張少監之下畫字者。」麽道〔聖旨了也，欽此〕④。

---

① 苦思丁，前文作贍思丁。

② 怯烈馬赤，他處又作怯里馬赤、怯憐馬赤。爲蒙古語 kelemeči 的音譯，意爲「譯者」，漢譯作通事。

③ 僧，原作增，據倉聖本、四庫本改。馮僧兒，即前文之馮少監，後文卷九作馮慶。

④ 聖旨了也欽此，此六字據文義補。按鈔本書寫體例，此六字獨占一行，抄書人漏抄。

經筵

105 泰定四年五月十六日，准秘書少監虞集〔關〕①：蒙都省給驛馬三疋，赴召上都，入侍經筵，關請照驗。

成造阿答

106 至元十二年十一月十三日，准少中大夫②秘書監〔關〕③：於今月初九日，内裏暖殿内〔有時分〕④，對陰陽人阿里威等，也薛做怯里馬赤，奏：「造阿答了也。」奉〔聖〕⑤旨：「將去秘書監裏與秘書一處放着，交令史每寫見數目者。」欽此。當職照得，係官大蓋造處用度開坐，關請照驗。〔欽依〕⑥聖旨處分事意收頓。

一總計阿答九百六十四个：

---

① 關，據文義補。
② 少中大夫，三本均同。按卷三「監印（至元十年二月）」條載，秘書監職印爲「太中大夫、秘書監」。又，在卷一「添設秘監」條中，宋弘道被任命爲秘書監時，所授亦爲太中大夫。疑少中大夫有誤。
③ 關，據文義補。
④ 有時分，據文義補。
⑤ 聖，原脱，據他二本補。
⑥ 欽依，據文義補。

青石一百單五个　錫一百个

生帖一百單一个　瓦的一百个

錫鑴八十个　銅帖一百个

鴉青紙二百二十四个

白紙一百五十三个

大銅帖一个

秘書志卷第四

纂修

至元乙酉，欲實著作之職，乃命大集萬方圖志而一之，以表皇元疆理無外之大。詔大臣近侍提其綱，聘鴻生碩士立局置屬(尤)〔庀〕①其事，凡九年而成書。續得雲南、遼陽等書，又纂修九年而始就。今秘府所藏《大一統志》是也。因詳其原委節目，爲將來成盛事之②法。

《大一統志》奏文

107 至元二十二年六月二十五日，中書省〔劄付〕③：

---

① 庀，原作尤，據倉聖本、四庫本改。

② 事之，原作之事，據倉聖本、四庫本改。

③ 劄付，據文義補。

先爲兵部〔呈〕①：「元掌郡邑圖誌俱各不完。近年以來，隨路京府州縣多有更改，及各處行省所轄地面在先未曾取會，已經開坐沿革等事。」移咨各省并劄付兵部，遍行取勘去後。據兵部令史劉偉呈，亦爲此事。施行間，據來呈，該：「準上都秘書監關，扎馬剌丁奏：『太史院曆法做有，〔大元〕〔太醫院〕《本草》②做（裏）〔有〕③。体例裏，（有底）每一朝裏自家地面裏〔有底〕④圖子都收拾來，把那的做文字來。聖旨裏可憐見，教秘書監家也做者，但是路分裏收拾那圖子，但是畫的路分、野地、山林、里道、立堠，每一件裏希罕底，但是地生出來的，把那的做文字呵，怎生？』奉聖旨：『那般者。』欽此。」呈乞照詳事。得此。六月十三日與本監焦尚書、彭少監等議

① 呈，據文義補。

② 太醫院，原作大元，倉聖本、四庫本同。疑大元二字爲太醫院之誤。理由如下：一、若將「大元本草」視爲書名，編修「大元本草」的機構則爲太史院。但有太醫院，焉有太史院編醫書之理？二、元代不見官修《大元本草》，後代目録等亦不見著録；三、《元史·世祖十》至元二十一年十二月癸酉條載：「命翰林承旨撒里蠻、翰林集賢大學士許國禎集諸路醫學教授增修《本草》。」又同書《世祖十二》至元二十五年九月庚戌條載：「太醫院新編《本草》成。」又《韓公麟行狀》載：「初，世祖以《本草》爲未完書，命徵天下良醫爲書補之，公承命往，以羅天益等二十人應詔。」綜上，元代僅對前代《本草》作了增補，並非新修一部《大元本草》。前人多誤將「大元本草」解爲書名，隨之出現元代曾否官修《大元本草》之論。

③ 有，原作裏，據文義改。

④ 有底，原在「体例裏」後，據文義移至此處。

得：「翰林院、兵部各差正官，與本監一同商量編類，似爲便當。」得此，除已劄付兵部，摘委本部①郎中趙奉議，及劄付翰林院依上差官外，仰照驗，欽依聖旨事意施行。②

節次奏文

108 至元二十三年八月二十九日，本監照得，欽奉聖旨：「編類地理圖文字。」欽此。開坐具呈都省明降：

一奏：「皇帝聖旨裏，『教秘書監編修地理文字者』麽道。秘書監裏勾當裏行的人都在大都裏住有，秘書監在舊城裏有，來往生受有，勾當也悮了有。大都裏頭一個織可單絲紬的局有，那裏頭别人住有。那的每教移的舊城裏入去做生活者，那局根底做秘書監呵，怎生？」麽道奏呵，「省官人每根底説者，那的中呵，與者，不中呵，别个房子與者。無呵，道與那懷教蓋與者」。麽道，聖旨了也。欽此。除已累經呈省關部外，到今未曾撥到，不能聚集編類人員，合行早爲撥降。

---

① 本部，倉聖本、四庫本作兵部，當從鈔本。

② 此條公文中，扎馬剌丁奏「太史院曆法做有……把那的做文字呵，怎生」部分，爲提議編《元一統志》的重要資料，但因奏文爲「硬譯公牘文體」，又經輾轉傳抄，造成錯誤。奏文僅裏字出現七次（不包括里字），依此種句式判斷，多處不當。如「大元本草做裏」「每一朝裏」等。爲免過多改變原文，僅作了最低限度的校勘。

一奏：「省裏與文書來，『隨處城子裏頭有的地（里）〔理〕①圖子文字每收拾將來者』〔麽〕道來②，至今不曾將來，勾當遲〔悮〕③了有。如今『疾忙教將來者』麽道，省裏再與文書呵，怎生？」麽道奏呵，「那般者」。麽道聖旨了也。欽此。照得：除將已發到路分文字見行照勘外，有下項未到去處并邊遠國土，本監先爲不知各各名號，已曾具呈，乞早將邊遠國土名號及行下未曾報到圖册去處，早爲發到，以憑編類。

一奏：「有一个孔夫子的孩兒每根底教的陳儼小名〔的人〕④，又有一个蠻子田地裏有的秀才虞應龍，又京兆府根底一个秀才蕭維斗，這地理的勾當好理會的有。那的每根底教將來呵，怎生？」麽道奏呵，「教來者，再用着的蠻子、漢兒秀才每有呵，阿兒渾撒里⑤理會的有，恁一處索者」。麽道聖旨了也⑥。

---

① 理，原作里，據前文改。

② 麽，據公文句式補。

③ 悮，據文義補。

④ 的人，據後文「地理圖奏文」條和文義補。

⑤ 阿兒渾撒里，畏兀人，後文又作阿剌渾撒里、阿魯渾撒里。《元史》卷一三〇有傳，作阿魯渾薩理，別處又作阿里渾撒里、阿剌渾薩里、阿剌渾薩理等。

⑥ 有關最後一條奏事，《元史》卷一四《世祖十一》載：「（至元二十三年二月）丙寅，以編地理書，召曲阜教授陳儼、京兆蕭𣂏、蜀人虞應龍，唯應龍赴京師。」

地理奏文

109 至元二十三年三月初七日，準嘉議大夫、秘書監扎馬剌丁〔關〕①：

於二月十一日，也可怯薛第二日，對月赤徹兒、禿禿哈、速古兒赤伯顏②、怯憐馬赤愛薛等，就德仁府斡耳朵裏有時分，當職同〔行〕〔阿〕③兒渾撒里奏過下項事理，除已蒙古文字具呈中書省照詳外：

一奏：「在先漢兒田地些小有來，那地里的文字册子四五十册有來，如今日頭出來處，日頭没處，都是咱每的，有的圖子有也者，那遠的他每怎生般理會的？回回圖子我根底有，都總做一个圖子呵，怎生？」麽道奏呵，「那般者」。麽道聖旨了也。

一奏：「省裏與文書來，『隨處城子裏頭有的地理圖子文字每收拾將來者』〔麽〕道來，至今不曾將來，勾當遲了有。如今『疾忙教將來者』麽道，省裏再與文書呵，怎生？」麽道奏呵，「那般者」。麽道聖旨了也。④

---

① 關，據文義補。
② 伯顏，前文卷三「廨宇」條作白顏。
③ 阿，原作行，據倉聖本改。按阿兒渾撒里爲一人名，參前注。
④ 四庫本缺此條奏文。

一奏：「秘書監裏勾當裏行的人每，别个勾當裏迁的去了呵，地理的文字悮了的一般有。月日滿呵，就監裏添與小名呵，怎生？」麽道奏呵，「那般者」。麽道聖旨了也。

地理圖奏文

110 至元二十四年三月二十四日，集賢大學士、中奉大夫、行秘書監事扎馬剌丁〔關〕，該①：奉尚書省劄付，據集賢院呈：近奉中書省劄付，扎馬剌丁、海薛②奏：「地理圖子的勾當遲悮了的一般有，我怕有。去年皇帝聖旨裏，阿剌渾撒里③一處商量〔麽道〕④來，俺的勾當他也好理會的有。如今又在前省裏有，麽〔道〕⑤聖旨（每）〔有來〕⑥。秘書監底（下）〔不〕揀⑦那个勾當，合用着底勾當每有呵，〔阿〕⑧剌渾撒里一處商量了教行呵，地理圖子底勾當疾忙成就也者。」

---

① 該，字前疑脱落一動詞，如奏、關、譯等。
② 海薛，即愛薛。
③ 阿剌渾撒里，即阿兒渾撒里。
④ 麽道，據文義補。
⑤ 道，據文義補。
⑥ 每，疑衍。有來，據文義補。
⑦ 不揀，原作下揀，據文義及倉聖本、四庫本改。不揀，猶言無論。
⑧ 阿，原脱。

麼道上位〔根底〕①奏呵，「那般者」。麼道聖旨了也。欽此。本院照得：「集賢大學士阿剌渾撒里，近受宣命尚書右丞，兼議秘書監地理圖本，實恐不暇。況前項事理，係扎馬剌丁〔來〕〔未〕②立尚書省以前奏準公事，呈乞聞奏施行。」得此。都省：除外，合下仰照驗，欽依元奉聖旨，着緊編類，無致遲慢。

提調地理圖

〔三〕至元二十四年六月初九日，尚書省〔劄付〕③：

近據集賢院呈：「本院集賢大學士阿剌渾撒里，受宣命尚書省右丞兼議秘書監地理圖本，實恐不暇，乞照詳事。」都省至元二十四年五月十二日奏過事内一件：「阿魯渾撒里④說：『畫地理圖本教我提調着有來，我根底省裏勾當委付了也。那勾當管呵，省裏勾當莫不耽閣了去也。』麼道有來。」奏呵，「那勾當裏休行者」。麼道聖旨了也。欽此。

---

① 根底，據文義補。
② 未，原作來，倉聖本、四庫本同，據文義改。
③ 劄付，據文義補。
④ 阿魯渾撒里，即阿剌渾撒里。

虞應龍

112 至元二十四年正月二十四日，中書省〔劄付〕①：

近據來呈，本監官扎馬剌丁奏過事内一件，節該：「一个孔夫子的孩兒每根底教的陳儼小名的人，又有一个蠻子田地裏有的秀才虞應龍，又京兆府根底一个秀才蕭維斗，這地(里)〔理〕②的勾當好〔生〕③理會的有，那的每根底交將來呵，怎生？」麽道奏呵，「交來者」。麽道聖旨了也。欽此。具呈取發事。得此。移咨各省取發去後，今準湖廣行省咨，該：「虞應龍狀呈，正爲理會地理勾當，數年用工，將古今書史傳記所載天下地理建置、郡縣沿革、事蹟、源泉、山川、人物及聖賢賦詠等分類編述，自成一書，取《漢書》王吉所云『春秋所以大一統者，六合同風』，名其書曰《統同志》，上以發揚聖朝混一海宇之盛。其書見行纂修成藁，擬就沿途併力抄寫正本，一就進呈。今湖南道宣慰司應付站船二隻，裝載《統同志》文書，誠恐前途水路不通，乞照依中書省咨文，應付鋪馬二疋，行移前路官司，應付人夫、車子般載事。」

---

① 劄付，據文義補。
② 理，原作里，據文義改。
③ 生，據文義補。

畫匠

113 至元二十四年二月三十日，本監準中書工部關，爲彩畫地理圖本畫匠二名，除已行下都城所差人押領交付外，關請差人催取羈管。

回回文字

114 至元二十四年二月十六日，奉秘書〔監〕①台旨：「福建道騙②海行舡③回回每，有知海道回回文字剌那麻〔者〕④。」具呈中書省，行下合屬取索者。奉此。

計會編類

115 至元二十四年九月十八日，奏奉聖旨，取發到秀才虞應龍赴監，見行編類地理文字。行下校書郎楊將仕、周將仕，就虞栢心先生處計會編類。

《大一統志》事

116 至元二十四年三月二十一日，本監切詳，聖朝天下一統，疆宇宏遠，州郡繁多，著而爲

---

① 秘書監，原脱「監」字，倉聖本、四庫本作秘監。
② 騙，倉聖本同，四庫本作邊。
③ 舡，倉聖本、四庫本作船。
④ 者，據文意補。

書，比之前代浩瀚數倍。其著述也，必須稽考古來圖書，憑準今日事蹟，一一重加編類。若不加之歲月，廣其文人，未易成就。今照得，在監見有著作一員，秘書一員，校書二員，并翰林院撥到編修一員，（正）〔止〕①是五人。雖先呈準虞應龍、蕭𣂏、陳儼三員，累次催請，未見到監日期。爲此已將省部發到隨路文册與古書相參，依式類成荒藁已多，本監官再行研窮參照，多有勾引、改抹、貼説去處，〔闕〕②人抄寫。乞中書省元摘委令翰林院趙學士、兵部趙郎中，早爲赴監詳定，及權設書寫五、七人，先行謄録静藁，以待博學洽聞耆儒宿德潤色删定成書，以備進呈。若不預呈，不惟無以見纂修次第，抑亦切恐耽悮外，據未發到路分，催會發下，接續編類。

編修馮肯播

117 至元二十四年十二月二十日，本監近有翰林國史院差本院編修官馮肯播，於本監修集地理文字，本監就保陞著作郎職名，蒙都省準呈。

照勘飲食錢

118 至元二十六年七月十八日，本監准尚書吏部關：

近奉尚書省判送，秘書監呈，準本監扎馬剌丁中奉關：「欽奉聖旨編類地理圖書，呈準都堂

---

① 止，原作正，據倉聖本、四庫本改。

② 闕，倉聖本作闕。

鈞旨，令王俣等支請飲食，編類勾當，擬充檢討。」移準吏部關，議得：「王俣等即係創添窠闕，（以）〔似〕①難議擬，候編類事畢，至日從優陞用。」準此。看詳：「王俣等係必用人員，各人別無名分俸給，實難拘留。」呈乞照詳。奉都堂鈞旨：「送吏部照擬連呈。」奉此。議得：「秘書監舊制別無檢討職名，所據王俣、王益已受吏部付身，充嵫陽等縣教諭。今本監官扎馬剌丁欽奉聖旨編類地理圖書，各人支請飲食，編類勾當，已經呈準從優陞用。以此參詳，如編類成就，擬於府州教授〔內選用〕②，似爲相應。」呈乞照詳。蒙都堂議得：「準呈，送吏部依上施行。」

地理小圖

119 至元三十一年八月，本監移准中書兵部關：編寫《至元大一統志》，每路卷首必用地理小圖，若於編寫秀才數內就選宗應星，不妨編寫彩畫相應，關請〔照驗〕③。如委必用圖本，依

---

① 似，原作以，據倉聖本、四庫本改。

② 內選用，原無此三字，四庫本同，倉聖本此處空三格，據文義補。「（於）……內選用」有二義。（一）從某群體內選人。如《元典章》卷九《吏部三》「有姓達魯花赤革去」條：「各投下多是漢兒、契丹、女真做蒙古人的名字充達魯花赤，今後委付蒙古人者。若無呵，於有根腳色目人內選用。」（二）選充某階層官職。如《廟學典禮》卷五「行臺監察舉呈正、録、山長減員」條：「此等職員（指府學學正、學録，書院山長），如歷一考之上，必須給由，求充府、州教授，再歷一任，路學教授內選用。」本文屬於後者。

③ 關請照驗，原無照驗二字，倉聖本、四庫本同，據文義補。《吏學指南》：「照驗，謂證明其事也。」

準施行。

飲食錢

120 至元三十一年八月十二日，本監準中書兵部關：

爲余奕昌①等曾無編寫《至元大一統志》，即不見秘書監呈準都堂鈞旨，〔請〕②續選編寫額定支請飲食分例人數、姓名，照勘明白，同前項志書一就關來。準此。除志書已行回關收管外，今將元準擬用編寫秀才虞應龍等一十名支請飲食分例呈③。奉都堂鈞旨，準呈。〔定〕④到各各姓名及在後節次續準人數，開坐回關本部去訖。

---

① 余奕昌，後文元准額定秀才名單中出現一人名余世昌，或爲同一人，中有一誤。

② 請，據文義補。

③ 呈，字前或後疑有脱文。如作「來呈」或「呈省」。

④ 定，據文義補，到字前無動詞不成句。公文常用「定到」「議擬到」「開坐到」等形式。如，《元典章》卷三四《兵部一》「禁軍齊斂錢物」條：「諸萬户、千户、百户等人員，已有奏奉聖旨，定到各各占破軍數，除外。欽依累降聖旨處分事意。」云云。又《元典章》卷六〇《工部》卷之三「額設祗侯人數」條：「元貞二年八月，江西行省。先爲本省所轄路分合設祗侯、曳剌、牢子等未有定例，移准都省咨，該：送兵部，照擬，比附迤北、腹裏額數體例，俱於四兩包銀〔户〕内選差，開坐到各該人數，請從長定奪。爲是江南別無送納包銀，擬於稅糧三石之下户内差充……」云云。用法與本文類似。

一、元准少監虞奉直①牒，移關兵部，呈奉都堂鈞旨，支給飲食分例，額定編寫秀才一十員：

虞應龍　方　平　宗應星　朱孟犀　管本孫

朱　謙　崔文質　余世昌　汪世榮　高季材

一、續準少監虞奉直牒，於前項秀才補替事故還家人員。

編寫三員：

于天瑞　補替汪世榮

趙孟節　補替朱孟犀

周世忠　補替高季材

校正一員：

劉元普②補替管本孫

收管《大一統志》

121 至元三十一年十月二十六日，本監準中書兵部關：發到《至元大一統志》四百五十册，

---

① 虞奉直，即虞應龍，至元二十七年正月初二日以奉直大夫任秘書少監。參見本書卷九。

② 劉元普，四庫本同，倉聖本作劉元晉。高本已檢出。

呈（解）〔奉〕①中書省劄付：發下右司收管。②

秀才出給劄付

122 元貞二年十一月二十六日，秘書監據著作郎呈：「保書寫孔思逮等五名，係都省準呈月支飲食人員，每日在局編寫，未嘗少怠，若蒙出給劄付，似爲激勵。」得此，奉監官台旨：「依準所保，出給付身。」

孔思逮　王琳　趙由昌　王守貞　馮貞

編類雲南圖册志

123 元貞二年三月初五日，本監準中書兵部關：來文，照得，雲南發到地（里）〔理〕③沿革事蹟，除完備外，有下項未完事理，早爲行移，取勘完備，編類圖册等事。呈奉都省判送。照得，雲南係邊遠地面，難與腹裏一体。奉都堂鈞旨：

---

① 奉，原作解，據文義改。

② 元修《大一統志》應有兩部，一部爲至元年扎馬剌丁、虞應龍等人初修本。另一部爲大德間重修本（參見後文「進呈書志」條）。本條所記應即初修本，此本於至正六年，由右丞相别兒怯不花奏請刻印，許有壬作序。見許有壬《大一統志序》，載《許有壬集》，中州古籍出版社，一九九八年。錢大昕《跋元大一統志殘本》《嘉定錢大昕全集》（九），《潛研堂文集》卷二九。

③ 理，原作里，據倉聖本、四庫本改。

送兵部，行移本監，就便計問，差來任總管者。

雲南志

124 元貞二年三月十二日，准兵部關：

奉中書省劄付，來呈，準秘書監關，著作郎呈：「雲南行省所委編類圖志任中順，編到地理志文册①，甚是可取。蓋緣秉志勤苦，通曉文學，久任雲南，習知風土。據金齒未經供報等處，若令本官一就取勘編類，似望早得完備。」都省準擬。

應付紙札

125 元貞二年三月十六日，準中書兵部關：

來文：「編寫雲南地理（志）〔文〕字②，據書寫人員紙札筆墨等物，依已行例官爲應付。」本部議得：「除紙札筆墨官爲應付外，據硯瓦什物鋪陳等物，若於八作司③見在物内借

---

① 地理志文册，倉聖本、四庫本作地理圖册。高本已檢出。

② 文字，原作志字，據倉聖本、四庫本改。高本已檢出。

③ 八作司，工部下設官署。中統三年，置提領八作司，秩正九品。至元二十五年，改提舉八作司，秩正六品。二十九年，分左右司。右司掌出納内府漆器、紅甕、捎隻等，并在都局院造作鑌鐵、銅、鋼、鍮石，東南簡鐵，兩都支持皮毛、雜色羊毛、生熟斜皮、馬牛等皮、鬃尾、雜行沙里陀等物。左司掌出納内府氈貨、柳器等物。此外，上都留守司亦設有八作司，品秩職掌，與大都左右八作司同。本條所指應爲工部右八作司。

借①，事畢拘收還官相應。」具呈，〔奉〕②都堂鈞旨：「準呈，連送③兵部，就便依例施行。」

户部官爲應付：

紙二千張　筆一十把　墨二斤

工部借借應付：

硯四个　高條卓七个　條床四張

條子二个　蒲席七領　葦席七領

凡例

126 元貞二年十一月初二日，著作郎呈，粘連到《大一統志》凡例：

一、某路

所轄幾州　開

本路親④管幾縣　開

---

① 借借，倉聖本作借借，四庫本作借給。或爲借倩之誤，《吏學指南》：「借倩，權時供給曰借，雇人庸力曰倩。」

② 奉，據文義加。

③ 連送，倉聖本誤作速送，四庫本不誤。

④ 親，四庫本作現。

一、建置沿革

禹貢州域

天象分野

歷代廢置：

周　秦　漢　後漢　晉　南北朝　隋　唐　五代　宋　金　〔大元〕①

一、各州縣建置沿革　依上開

一、本路親管坊郭鄉鎮　依上開

一、本路至上都、〔大都〕②并里至

一、各縣至上都、大都并里至

一、名山大川

一、土山

一、風俗形勝

① 大元，據倉聖本、四庫本補。

② 大都，據倉聖本、四庫本補。

一、古蹟

一、寺觀祠廟

一、官蹟

一、人物

紙札筆墨

127 大德元年三月初三日，秘書監據著作郎呈：近爲編寫雲南地（里）〔理〕①文字，計料到合用紙札筆墨等物。除發下檢紙等物銷用外，據上静夾紙，蒙秘府指揮，候編定檢目，至日計料取發。照得，上項地理文字，今已編定檢目。計料得合用上静夾紙、筆（目）〔墨〕②數目，開坐具呈，乞賜行移合屬放支。

江淮夾紙二千五伯張

好心子筆五十管

上等細墨一斤

① 地理，原作地里，據倉聖本、四庫本改。

② 墨，原作目，據倉聖本、四庫本及文義改。

未完事蹟

128 大德二年二月初五日，據著作郎呈：

奉秘府指揮，編類雲南、甘肅地理圖册。依上編類到雲南等處圖志，通計五十八册，合用裝褙物料，已經開坐，具呈照詳外，有遼陽行省地理圖册。照得，别不見開到本省所轄路府州縣建置沿革等事蹟，及無彩畫到各處圖本，難以編類。照得，元設書寫孔思逮等五名，即目别無所寫文字。據各人日支飲食，擬合自大德二年二月初一日①權且住支，候遼陽行省發到完備圖志，再行編類，依例呈覆關（取）〔請〕②。

裝褙物料

129 大德二年五月初五日，據著作郎呈：依上編類到雲南等處圖志，通計五十八册，未曾裝褙。就喚到表褙匠趙德秀等，計料到合用物料，開坐呈乞照詳。移準中書兵部關，呈奉都堂鈞旨：連送兵部，行移工部，比料③實用數目無差，就行合屬，依例應付④。

---

① 初一日，倉聖本、四庫本作二十一日。高本已檢出。

② 請，原作取，據倉聖本、四庫本改。高本已檢出。

③ 鈔本從此下「實用數目無差」至本卷結束，被誤入卷五。據原目録及四庫本改正，倉聖本、高本已改。

④ 應付，四庫本作施行。

禮部應付：

白麵七斤四兩

户部應付：

夾紙二伯九十張

綿紙一伯一十六①張

黄綾一伯三十九尺二寸

藍綾八尺七寸

本部提舉左八作司應付：

白礬一斤一十三兩

皂角一斤一兩四錢

黄蠟一斤一十三兩

① 一伯一十六，倉聖本同，四庫本作一伯六十。

130 大德三年七月二十八日，據著作局呈：奉秘（書）〔府〕①指揮，編類遼陽等處圖志并《至元大一統志》全部目録，今已編類上净了畢，共計八册。所據合用褾褙物料，就唤到褾褙匠趙德秀，計料到下項物料，移準中書兵部關，呈奉都省判送：就行工部，依上應付。

書寫董可宗

131 大德三年，書寫（量）〔董〕可宗②代孫伯壽闕。

四至八到坊郭凡例

132 大德五年八月，四（五）〔至〕③八到坊郭體式

某路某縣　州同

里至④：

某坊至上都幾里

某坊至大都

---

① 府，原誤作書，據倉聖本、四庫本及後文「進呈書志」條改。
② 董可宗，原誤作量可宗，據原目録及倉聖本、四庫本改。
③ 至，原誤作五，據倉聖本、四庫本改。
④ 四庫本此二字在上一行某縣下。

某坊至本路

某坊至本州並依上開里數，如直隸本路者，去此一行。

東至某處幾里至是至各處界。

西至

南至

北至

東到到是到各處城。

西到

南到

北到

東南到

西南到

東北到

西北到並依上開里數。

坊郭鄉鎮：

領幾鄉　　開

書寫食錢

133 大德五年七月初二日，準兵部關：

奉中書省判送，本部呈，秘書監關，據著作郎趙炘呈：「照得，編類天下地理志書，備載天下路府州縣古今建置沿革及山川、土産、風俗、里至、宦蹟、人物，賜名《大一統志》。續有遼陽、雲南遠方報到沿革，及各處州縣多有分撥（陸）〔陞〕改①不同去處，除將《至元大一統志》重行校勘，添改沿革外，須選揀通儒能書人員，通行寫静進本，以備御覽，實爲重事。」本部參詳：「寫志書人員食錢，今次呈準依寫金字經例，每名支中統鈔一兩五錢。照得，吏部寫行止籍記部令史，日支中統鈔七錢。若依呈準放支，似涉偏負。以此比附，量擬編寫志書人員每名日支食錢中統鈔一兩，開局日爲始放支相應。」奉都堂鈞旨：準呈。

元發二十名内合存一十六名：

趙文焕　　虞志龍　　趙普顔　　朱宗周

李　純　　高伯椿　　李天任　　趙素履

---

① 陞改，原作陸改，倉聖本同，據四庫本改。

歐陽普壽　梁　煥　辛　鈞　耿居仁

王彥恭　孫伯壽　蓋光祖　趙弘毅

今次選換四名：

牟應復替胡明安　魏誼替馮振

王時中替屈楚材　張晉替杜敏

進呈志書

134 大德七年五月初二日，秘書郎呈：奉秘府指揮，當年三月（三）〔二〕十日①，也可怯薛第一日，玉德殿内有時分，集賢大學士卜蘭禧、昭文館大學士秘書監岳鉉等奏：「秘書監修撰《大一統志》，元欽奉世祖皇帝聖旨，編集始自至元二十三年，至今才方成書，以是繕寫總計六伯册，一千三百卷進呈。」〔欽奉〕②御覽過，奉聖旨：「於秘府如法收藏，仍賜賚撰集人等者。」欽此。③

---

① 二十日，原作三十日，倉聖本、四庫本亦同。《元史》卷二一《成宗四》大德七年三月條載：「戊申，（小）〔卜〕蘭禧、岳鉉等進大一統志，賜賚有差。」當月戊申日應爲二十日，本書當有誤。參見洪金富《元朝怯薛輪值史料考釋》，《「中研院」歷史語言研究所集刊》第七十四本第二分，第三四五至三四六頁。

② 欽奉，據倉聖本、四庫本補。

③ 《文淵閣書目》著録有兩部《大元大一統志》，一部爲一八二册，另一部爲六〇〇册。後一部册數與本條所記相同，但不詳卷數。

彩畫地理總圖

135 大德七年閏五月二十二日，準中書兵部關：

刑部關，準本部郎中賈朝列關：切見建康路明道書院山長俞庸①，委是才藝之士，兼(傳)〔博〕通②地理，迥出儒流，即目到部聽除。即今兵部見奉中書省(州)〔判〕送③，行移秘書監纂録天下地理總圖，若(今)〔令〕④本人分畫纂録彩畫完備，實有可觀。準此。照得，先準翰林應奉汪將仕保呈，前鄂州路儒學教授方平彩畫地理總圖，已經移關秘監，依上彩畫去訖。今準前因，一同彩畫施行。

校讎書籍

136 元貞二年六月十六日，本監照得，近爲秘書監造到書畫等文册三扇，送校書郎校勘得，

---

① 俞庸，《至順鎮江志》卷一九「人材·僑寓」條載：「俞庸，字時中，初爲明道書院山長。大德中，以地震陳《格天心，召和氣》九策萬餘言，答剌罕丞相嘉之，因試補户部令史，遷尚服院掾史，除從仕郎、吏部考功主事，再遷尚服院都事。性倜儻，姿貌魁梧，善論議，達時務，卒年六十五。有《覆瓿集》若干卷藏於家。」但未載參編《大一統志》事。見楊積慶、賈秀英校點本，江蘇古籍出版社，一九九九年，第七六九至七七〇頁。

② 博通，原作傳通，據倉聖本、四庫本改。

③ 判送，原作州送，倉聖本同，據四庫本改。判送，偶略稱送，習見。

④ 令，原誤作今，據倉聖本、四庫本改。

除陰陽禁書封記未敢（幸默）〔牽點〕①外，書畫與簿籍相同。得此，擬將陰陽禁書候公〔同〕②監官還監，至日牽點。今將本庫元造文册三扇發下收管。③

納《大一統志》

137 大德四年四月十二④日，據秘書郎呈：

近蒙秘府指揮：「編類到《至元大一統志》書四百八十三册，計七百八十七卷，仰子細校勘，若有差誤，就爲改正。仍標出差誤卷目呈監。」蒙此。校勘間，又奉監官台旨：「與著作郎趙從仕⑤一同校勘。」奉此。依上校勘了畢。中間差訛字樣，已行改正，别無合標出卷目。今將元關出《大一統志》書四百八十三册，隨呈繳納，還庫交收。

保舉

138 至大四年七月二十一日，中書省奏準事内一件，節該：「如今老秀才每少了也，外頭後

---

① 牽點，原作幸默，字形相近誤抄，據後文改。

② 同，據四庫本補。

③ 以下原空兩行。

④ 十二，四庫本作十六。

⑤ 趙從仕，當指趙炘。趙炘，字際可（濟可），成都人，至元二十七年正月以承務郎任著作佐郎，大德二年七月以從仕郎任著作郎，六年陞承事郎，九年陞承務郎，職事如故。參見後文卷十。

學每學得好的也有，俺選着於國子監裏并翰林院、秘書監、太常寺等文翰衙門委付，并外頭儒學提舉司裏委付呵，後人每肯向前也者。」麼道奏呵，「是有，休問品從，雖是白身人呵，好的委付者」。麼道，〔聖旨了也，欽此〕①。

陞用

139 至元二十三年十月初四日，吏部〔關〕②：來文，秘監扎馬剌丁等奏奉聖旨：本監勾當裏行的人每月日滿呵，就監裏添與名分。關請欽依施行。

纂修鋪陳

140 至元二十四年四月二十四日，照得，本監欽奉聖旨編類地理圖籍，於尚書省復過，奉都堂鈞旨：般移于禮部置監。都省催請著作郎虞應龍到監，著述地理文籍，必須置局講究。編類彩畫圖并見闕合用鋪陳等物，開坐具呈尚書省應付。

---

① 聖旨了也欽此，依據公文體式補。
② 關，據文義補。

本監用：

條褥五个　座子一十个

蒲薦一十領　葦席一十領

著作局用：

條床六个　條桌一十个

葦薦二十領　條褥五个

蒲薦一十領　座子四个

硯瓦六个①

李校書陞用

141 至元二十三年二月十一日，也可怯薛第二日，就德仁府斡耳朵裏有時分，秘監扎馬剌丁同阿兒渾撒里奏：「一个李校書小名的人，勾當裏在意勤謹有，雖不滿考呵，他的這名分根底添與名分呵，別个的每也在意也者。」麽道奏呵，「那般者」。麽道聖旨了也。

① 此處原空七行。

秘書志卷第五

秘書庫

自昔秘奥之室，曰府、曰庫，蓋言富其藏也。世皇既命（宫）〔官〕①以職其扃鐍緘縢之事。而後列聖之宸翰、纂述之（説）〔紀〕②志，天下墳③籍、古今載記，所以供萬機之暇者，靡不備具。雖圖像、碑志④、方技、術數之流，畢部分類，别而録云。⑤

① 官，原作宫，據倉聖本、四庫本改。
② 紀，原作説，據倉聖本、四庫本改。
③ 墳，四庫本作文。
④ 志，倉聖本、四庫本作誌。
⑤ 此處原空一行。

裕廟書籍

142 延祐二年九月初五日，秘書郎呈，奉指揮，發下裕宗皇帝書硯，從實收管。

《孝經》三册，不全

《論語》七册，不全

《小學》二册，不全

《周易》一册，不全

《唐鑑》六册，不全

《孝經》卷子一个，不全

《（做）〔倣〕①書》一卷零一幅

玉硯一个，匣全，微有損

風字硯一个

裕廟硯

143 延祐二年七月十六日，奉集賢院劄付：

---

① 倣，原作做，據倉聖本、四庫本改。

當年四月二十三日，木剌忽①怯薛第二日，嘉禧殿内有時分，對闊闊（反）〔歹〕②院使、張司農、太史院樊仲信等有來，本院官曲出太保、叔固學士③奏過事内一件：「裕宗皇帝根前説書的先生王贊善④，是和許仲平先生一處衍授時歷來的。裕宗皇帝小時節讀的文書、寫來的字，更使來的一个玉硯、一个風字硯，王贊善收拾着來。如今他的孩兒説，不是他每合收〔來〕⑤的，將來呈獻過。」麽道。上位看了，奉聖旨：「都教秘書監裏好生收拾者。王贊善并他父祖根底，依着姚公茂、竇漢卿體例與封贈者，您與省家文書者。」麽道聖旨了也。欽此。

---

① 木剌忽，阿兒剌氏，成吉思汗「四傑」之一博爾朮後人，玉昔帖木兒之子。仁宗時任怯薛長，至大四年十月，特授榮禄大夫、知樞密院事。皇慶元年十月封廣平王，天曆二年十一月被毁廣平王印。

② 闊闊歹，原作闊闊反，據倉聖本改。

③ 叔固學士，即李邦寧，字叔固，錢唐人，初名保寧，宋故小黄門也。宋亡，世祖命給事内庭，令學國書及諸蕃語，授御帶庫提點，陞章佩少監，遷禮部尚書，提點太醫院使。成宗即位，進昭文館大學士、太醫院使。武宗時加大司徒、尚服院使，遥授丞相，行大司農，領太醫院事，階金紫光禄大夫。仁宗加開府儀同三司，爲集賢院大學士。以疾卒。

④ 王贊善，即王恂，字敬甫，中山唐縣人。劉秉忠薦於世祖，爲太子伴讀。中統二年，擢太子贊善。後與郭守敬等創制新曆。至元十八年卒。

⑤ 來，據四庫本補。

裕廟書籍

144 至正元年九月二十二日，也可怯薛第一日，明仁殿後宣文閣裏有時分，對脱脱右丞相①、巙巙(丞)〔承〕旨有來②，朶兒只班學士③特奉聖旨：「有裕宗皇帝讀的文書、寫來的倣書，秘書監裏收拾(者)〔着〕④有，你去取將來者。」麽道傳聖旨來。欽此。除欽遵外，當日巳時，朶兒只班學士、老老少監，對各監官關領前去⑤進獻。至九月二十四日申時，對本監官吏并帝王像回納還庫訖：

《論語》七册，大小不同

《小學》二册　《周易》一册

《孝經》一册　《倣書》一卷

---

① 脱脱，蒙古蔑里乞氏，字大用，幼養於伯父前右丞相伯顔。脱脱年十五爲皇太子怯憐口怯薛官，歷明宗、文宗、寧宗朝，順帝至元六年，奉詔罷黜伯顔。至正元年任右丞相，復科舉，主修宋遼金三史。

② 巙巙承旨，承旨原作丞旨，據《元史》卷一三九《朶爾直班傳》及四庫本改承旨。巙巙，康里人，字子山，平章政事不忽木之子，有學識，擅長真、行、草書，此時爲翰林學士承旨，後任江浙行省平章政事。

③ 朶兒只班學士，又作朶爾直班，字惟中，木華黎七世孫。此時爲翰林學士、資善大夫、知經筵事。

④ 着，原作者，據文義改。

⑤ 此下「進獻」至「仁廟書籍」條「八海怯薛第三日」，約一葉內容倉聖本缺，四庫本同鈔本完好。高本已補。

《唐鑑》六册

《大學衍義節略》　一卷册

《尚書政要》　一册

唐太宗《帝範》　一册

《孝經》卷子　一册

匣子一个，内大紅銷金袱兒一个，盛《青宫要略》一册

仁廟書籍

145 至大四年二月初六日，有速古兒赤貴僧、只納失里校書、焦校書赴監傳奉皇太子令旨。二(日)〔月〕①初五日，八海怯薛第三日，隆福宫西棕毛殿東耳房内有時分，對亦里赤詹事、速古兒赤貴僧，特奉皇太子令旨：「把我看的文書都教般將秘書監裏去者。」敬此。與盛少監、王少監一同交割到書籍六伯四十四部，計六千六百九十八册，内七部紙褙計二百七十一册，乞照詳事。得此。施行間，今準禮部關：奉中書省劄付，詹事院呈，太子校書呈，照得，元收管書籍圖畫内，除節次敬奉令旨：「應有的圖畫并手卷都與哈海赤司徒者，其餘的文書盡數交割與秘書

① 月，原作日，據四庫本改。高本已校。

監家好生收拾者，休教損壞了。」敬此。今將給賜各官并交割與秘書監書籍各各數目，就取到秘書庫收管，繳連開呈。

英廟御覽

146 延祐六年正月十二日，準中書禮部關：

奉中書省判送，詹事院呈：延祐五年十一月三十日，禿滿迭兒詹事、李家奴中議兩个奏：「『皇太子坐了位次呵，合看前代帝王治天下的文書〔有〕①。世祖皇帝教竇太師等秀才每，於《尚書》裏揀擇出來的帝王治天下緊要的文書，又裕宗皇帝讀來的文書并寫的倣書等，又皇帝教忽都魯禿兒迷失譯寫來的《大學衍義》、唐太宗《帝範》文書，合教太子根底放着看覷。』麽道伴當每說有。『是父祖教揀擇出來的前代帝王行的是來的文書，并看來的文書有，皇帝根底奏了，教取將那文書每來，太子根底放着，閑便時看呵，怎生？』啓呵。奉令旨：『皇帝根底奏者。』〔敬此。〕②」麽道，奏呵，「那般者」。麽道聖旨了也。欽此。

---

① 有，據倉聖本、四庫本補。

② 敬此，據文義補。

東宮書籍

147 泰定二年十二月二十五日，有太子贊善馬伯庸學士①，對監官趙秘卿、李少監、虞少監、伯忽監丞等②，傳奉聖旨：泰定二年十二月二十三日，撒里蠻怯薛第一日，興聖宮東鹿頂樓子上有時分，對禿魯院使、完者帖木兒、桑哥等有來，太子諭德世里門、詹事贊善馬學士奏：「裕宗皇帝寫來的倣書并讀來的文書，又仁宗皇帝東宮收拾來的文書在秘書監裏有。」奉聖旨：「取將來者。」欽此。

魯司寇像

148 至治三年七月初二日，準太常禮儀院關：

大樂署呈，準本署孔承直關：延祐五年二月初三日，也先帖木兒怯薛第三日，嘉禧殿裏有時分，對大慈都(丞)〔承〕旨③、妙長老有來，孔子五十四代孫孔思逮因進獻魯司寇石碑像的上頭，聖旨問：「如今你那裏勾當裏？」回奏道：「太常禮儀院做署丞裏。」塔海承旨、完顔承旨特

---

① 馬伯庸，即馬祖常，字伯庸。《元史》卷一四三有傳。

② 趙秘卿應即趙天祥，李少監應即李師魯，虞少監指虞集，伯忽爲趙世延之子。

③ 承，原作丞，倉聖本同，據四庫本改。

奉聖旨：「既是孔夫子的孩兒，教翰林院裏替一个先滿的待制者，便與省部〔家〕①文書者（麽道）。這石碑像，您與秘書監文書，教他每收拾者。」〔麽道〕②聖旨了也。欽此。

名臣像

149 泰定二年十二月初五日，照得，近準監丞李從事關：

延祐六年五月，奉大司農司印貼，該：延祐六年四月十六日，大司農張彦清特奉聖旨：「在前劉太保爲頭薛禪皇帝〔時分〕③舊行來的官人每的畫像，教李肖嵓依着他每各家的大神，對模傳寫了呵，教小何裱褙成看册，我看過呵，秘書監裏收者。合用的工錢，就您司農司子粒錢内支付與者。李肖嵓一處畫神的，别个畫處休差撥者，教他每併工，比及我下馬完備了者。」麽道聖旨了也。欽此。當職於大司農司子粒錢内關支到顔料錢中統鈔一十定，對（本）〔模〕④傳寫到劉太保等三十人，〔裱〕⑤褙成看册完備，分付大司農張彦清收領了當。至今未曾發到，若不移

---

① 家，據倉聖本、四庫本補。

② 麽道，原在「文書者」後，他二本同，據文義移至此處。「既是孔夫子的孩兒」至「教他每收拾者」爲英宗皇帝聖旨的内容，中間用「麽道」語義不通。「麽道」二字原應在「聖旨了也」前，蓋鈔書人誤寫位置。本書常有此類錯誤。

③ 時分，據文義補。參考卷二「位序・秦秘監」條：「苦思丁學士從世祖皇帝時分行來。」

④ 模，原作本，四庫本同，倉聖本作木，據本條文書改。

⑤ 裱，據前文補。

文，係欽奉聖旨事意。如準行移，欽依發來收藏相應。

子昂千文

150 延祐三年五月初二日，本監官楊秘卿傳説，延祐三年四月二十七日，李叔固大學士傳奉聖旨：「趙子昂①每寫來的千字文手卷一十七卷②，教秘書監裏裱褙了，好生收拾者。合用的裱褙物料，與省家文書，〔教〕③應付者。」麽道聖旨了也。欽此。

鹵簿圖書

151 延祐六年九月初一日，也先帖木兒怯薛第二日，文德殿後鹿頂殿内有時分，斡赤丞相、鄭司農等，對速古兒赤也先帖木兒院使、唆南院使、相哥失里司農、帖木歹院使、續院使等官有來。斡赤丞相奏：「翰林國史院編修官（魯）〔曾〕巽申④小名的秀才，將他自做到《大駕鹵簿圖》

---

① 趙子昂，即趙孟頫，字子昂，湖州人，宋太祖之後。世祖時歷任兵部郎中、集賢大學士。仁宗時拜翰林學士承旨、榮禄大夫。史稱「篆、籀、分、隸、真、行、草書，無不冠絶古今……其畫山水、木石、花竹、人馬，尤精緻。」參見《元史》卷一七二《趙孟頫傳》。

② 卷，四庫本作册。

③ 教，據文義補。

④ 曾巽申，原作魯巽申，據倉聖本、四庫本改。揭傒斯《天華萬壽宫碑》載：「明年（延祐四年），郡人曾編修巽申爲請於玄教大宗師，命爲天華觀。至順元年，陞爲宫。」當即此人。

二軸、書十册，上位根底呈獻過。」奉聖旨：「教續院使將去，與秘書監譚秘卿將往秘書監裏，好生收拾者，後頭用着去有。」麽道聖旨了也。欽此。

職貢圖

152 大德四年七月十六日，準中書禮部關：

奉中書省劄付，來呈，秘書監關，前平灤路鹽司副使唐文質呈：「歷代遠方〔貢〕珍異者①多矣，切以官爵、姓名、圖畫，至今後世傳之，以爲盛事。聖朝自創業以來，積有年矣，名臣烈士尤盛於前代，俱未見於圖畫。文質不避僭越之罪，願盡平生之學，畫遠方職貢之圖及名臣之像，藏諸秘府，以傳永久。如準所言，寔爲盛事。」具呈照詳。得此，議得：「依準唐文質所言，圖畫候有成效，至日聞奏，依上施行。」奉此。關請照驗。準此。行據唐文質呈：「職貢圖、名臣像，俱係流傳永久，不敢率易下筆，必須起草，倘有更換，易於改革，不惟有減物料，亦得效其所能。今來卑職編類次第，布置規模，自備紙札、顔色彩畫，立爲定藁，呈省看過，然後計料，關取合用物料，彩畫静本，實爲便當。」移關禮部，依上施行。

① 貢珍異者，貢字原脱，倉聖本同，四庫本作珍貢異者，兹據下一條補改。

153 大德五年七月初九日，準禮部關：

來文，直長唐文質彩畫諸國進獻禮物人品衣冠，若蒙取勘起稿發下彩畫静本，誠爲便益，關請照驗。準此。照得，先奉中書省劄付，本部呈，秘書監關，前平灤路鹽司副使唐文質呈：「歷代遠方貢珍異者多矣，功臣官爵姓名圖畫，至今後世傳之，以爲盛事。①聖朝自開國以來，名臣烈士尤盛於前代，俱未見於圖畫，文質不避僭越之罪，願盡平生之學，畫遠方職貢之圖及名臣之像，藏諸秘府，以傳永久。」都省議得：「依準唐文質所言，圖畫候有成效，至日聞奏。仰行移依上施行。」奉此，本部照得：「凡諸國朝貢使客，雖是經由行省，必須到都，於會同館安下。除已令本館將已起見在使客，詢問本國國主姓名、土地廣狹、城邑名號、至都里路、風俗衣服、貢獻物件、珍禽異獸，具報本部，移關貴監，以備標録其使客形狀、衣冠，令唐文質就往本館摹寫外，關請照驗。」②

收管《大一統志》

154 大德五年七月初九日，本監移準中書兵部關：

---

① 鈔本自此下「聖朝自開國以來」至卷末「大案」條結束，被誤置於卷四，據原目録及倉聖本、四庫本改正。

② 《職貢圖》之議，於世祖至元二十五年三月似已施行。「壬寅，禮部言：『會同館蕃夷使者時至，宜令有司倣古《職貢圖》繪而爲圖，及詢其風俗、土産、去國里程，籍而録之，實一代之盛事。』從之。」見《元史》卷一五《世祖十二》。

奉中書省判送，兵部呈，秘書監關，著作郎趙從仕呈：「見爲編寫《大一統志》，除秘監發下志書一部在局編校外，照得，在先亦有一部見留中書兵部，中間多有不同，必須發下互相參考，庶得歸一成書。」本部參詳：「《大一統志》書，若依著作所呈，令本部典吏時公泰專一收掌，赴局互相參考檢照，就令編寫志書，了畢還部，似不點污損壞。」具呈照詳。覆奉都堂鈞旨：「送兵部，將上項志書關發本監照用，事畢還（宮）〔官〕①。」

省庫書籍

155 延祐七年五月，準中書禮部關：

奉中書省劄付：「檢校官呈，中書省照得，省部架閣庫見收文卷簿籍諸物，切恐各庫不爲用心，失於收架。於延祐六年十二月二十八日，連送禮部郎中張朝請，仰依已行事理施行。」奉此。將見收諸物與本庫官典一同分揀，於内除必合存留②中書令、尚書令、翰林國史院祭③御容金銀器盒、案衣禮物等錢、累年開讀過詔赦，并追到諸人元受宣命敕牒、執把鋪馬聖旨、諸王令旨一切文憑依舊收貯外，據其餘諸物，行下省架閣庫，依數交付秘書監，就便差人關領，依例收貯。

---

① 官，原作宮，據倉聖本、四庫本改。

② 倉聖本於此處空二格。

③ 倉聖本於此處空二格。

一、總計實合關收物色：

玉圖書印兒一个

盛玉圖書木盒兒一个

杭州海道圖一軸

隨朝百司衙門事務圖一軸

賈似道真容二軸

乾象璇璣圖一軸

天象圖一軸

混一圖一軸

大小無名神象五軸

《通志》書一伯五十册

《救荒活民》二十九部，每部三册，計八十七册

《通鑑》九十九册

《漢書》七十五册

《春秋》六十二册

《孝經》一十三部，計三十九册

江南圖書

156 至元十二年九月二十九日，皇城暖殿裏〔有時分〕①，右侍〔儀〕（俸）〔奉〕御忽都于思②做怯里馬赤，秘書監焦秘監、趙侍郎一同奏：「臨安秘書監内有《乾坤實典》并陰陽一切禁書，及本監應收經籍圖書書畫等物，不教失落，見數呵，怎生？」奉聖旨：「伯顏行道將去者。」又奏：「江南諸郡多有經史書籍、文板，都教收拾見數，不教失散呵，怎生？」奉聖旨：「您問了歸附官員呵，伯顏行道將去者。」欽此。

① 有時分，據文義補。元代公文記載上奏地點時常用「……裏有時分」。

② 右侍儀奉御忽都于思，原作右侍俸御忽都于思。《元史》卷六七《禮樂一》「制朝儀始末」載：「（至元）八年春二月，立侍儀司，以忽都于思、也先乃爲左右侍儀奉御，趙秉温爲禮部侍郎兼侍儀司事。」據此，忽都于思似應爲左侍儀奉御，也先乃應爲右侍儀奉御，而本書稱忽都于思爲右，二者似有矛盾。然據《元史》卷二〇三《田忠良》載「遂遣左侍儀奉御也先乃送忠良司天臺」云云，可知本書不誤。補儀字及改俸爲奉，均據《元史》。此外，侍儀奉御顯爲一官名，中華書局點校本於侍儀和奉御間用逗號分開，似應訂正。

江南秘省文字

157 至元十三年十二月，今有樞密副使兼知秘書監事説道：今年六月十一日①，内裏（至）〔主〕②廊裏有時分，奏：「咱使的焦尚書江南收拾秘書省文字去來，聽得收拾聚也，教盡數起將來呵，怎生？」奉聖旨：「教將來者。」欽此。樞密院移咨南省取去來。見今焦尚書收拾到經籍書畫等物，解發南省，已運到中書省也。所據前項焦尚書收拾到一切經史子集、禁書典故文字及書畫紙墨筆硯等物，俱是秘書監合行收掌。當月初十日，樞密副使兼知秘書監事説道：「近奉都堂鈞旨，該：欽奉聖旨，教於大都萬億庫内分揀到秘書監合收經籍圖畫等物，可用站車一十輛般運，赴監收貯。」

内府圖書之印

158 大德三年三月，準中書禮部關：

奉中書省判送，本部呈，奉省判，遼陽行省咨：「歸附等軍萬户府備移剌重喜呈到親眷蕭元奴元與玉印一顆，令簽省白顏嘉議賫去③，咨請收管回示。」準此，送禮部，行據鑄印局申，令人匠辨驗得，上項玉印一顆，係漢家篆文内府圖書之印，具呈照詳。覆過，奉都堂鈞旨：「送禮部，

---

① 十一日，倉聖本作九日。高本已檢出。四庫本作十一日。

② 主，原作至，據倉聖本、四庫本改。

③ 白顏嘉議，《元典章》作伯顏嘉議，見《禮部》之六「縣尉設司吏例」條。

行移秘書監收訖。」

玉寶四顆

159 至治元年七月初二日，本監卿大司徒苫思丁榮禄傳奉〔聖旨〕①：當年六月二十三日②，失禿兒怯薛第三日，睿思閣後鹿頂殿内有時分，對速古兒赤八（思）〔里〕吉思③院使、鎖南院使、朶歹（丞）〔承〕旨④、欽察歹知院等有來，拜住丞相、塔剌海員外郎兩个特奉聖旨：「三顆玉寶，一顆象牙寶，分付與秘書監裏教收拾者。」麽道聖旨了也。欽此。

寶四顆：

皇帝行寶，白玉雙龍紐一顆，上帶紅絨條系。

欽崇國祀之寶，青白玉五螭紐一顆。

光堯壽聖憲天體道性仁誠德經武緯文太上皇帝之寶，蒼玉實碾螭紐一顆，上有舊黄絨

---

① 聖旨，據文義補。

② 三日，原誤作日三，據四庫本、倉聖本改正。

③ 八里吉思，原作八思吉思。按八里吉思，又作八剌吉思（《元史》常誤爲八思吉思、八思吉斯），奸臣帖木迭兒子，此時爲宣政院使，後因贓罪伏誅。帖木迭兒另有四子，爲鎖住（將作院使）、班丹（知樞密院事）、觀音奴、鎖南（治書侍御史）。鎖南與本條中出現的「鎖南院使」，即鐵失弟宣徽使同名但非一人。

④ 承，原誤作丞，高本已校。四庫本不誤。

小條系。

宋皇帝寶，象牙素紐一顆，上有裂璺。

陰陽文書

160 至大二年十二月，準尚書禮部關：

奉尚書省劄付，本部呈，準秘書監關，準漢兒字別里哥，該：香山司徒、大都丞相言語，「根隨迭里哥兒不花太子迤北出軍去的陰陽人韓瑞，軍上合用的陰陽文書，教秘書監裏與呵，怎生？」奏呵，奉聖旨：「那般者。」麼道聖旨了也。欽此。〔黏連〕①到所關書籍七部。本監照得：《寶元天人祥異》《宋天文》，全部即係天子親覽禁秘之書，非餘者所當觀（問）〔閱〕②。具呈照詳。於至大二年十一月初五日，也可怯薛第一日，宸慶殿西耳房内有時分，速古兒赤也兒吉你丞相、寶兒赤脱兒赤顏③太師、伯答沙丞相、赤因帖木兒丞相、昔寶赤玉龍帖木兒丞相、扎蠻平

---

① 黏連，據倉聖本、四庫本補。

② 閱，原作問，據倉聖本、四庫本改。高本已檢出。

③ 脱兒赤顏，蒙古許慎氏，博爾忽後人，月赤察兒子，原名伮頭，武宗至大二年八月賜名脱兒赤顏，三年二月加録軍國重事。仁宗皇慶元年，時由太師、録軍國重事、知樞密院事進開府儀同三司，嗣淇陽王。參見元明善《太師淇陽忠武王碑》、《元史·武宗紀》。

章、哈兒魯台參政、大順司徒等有來，尚書省官三寶奴丞相、忙哥帖木兒丞相①等奏過事內一件：「『迭里哥兒不花太子軍前將着行的陰陽文書，教秘書監裏與者』。麼道香山等俺根底傳聖旨來，秘書監官人每説『那文書是上位合看的文書，這般與的体例無有』麼道説有。俺商量來，休與呵，怎生？」奏呵，奉聖旨：「那般者。」欽此。

大竪櫃

161 至元十一年正月，照得，本監欽奉聖旨見收陰陽禁書并一切回回文字。除欽依外，即目多有收到文書，未曾製造書櫃，恐經夏潤虫鼠損壞。今擬用紅油大竪櫃六个，内各置抽匣三層，鎖鑰全，常川收頓秘書相應。

大案

162 元貞三年正月二十日，秘書監照得，近爲本監裱褙大案一面，油漆損壞，移關中書工部，差人前來相視，計料合用工物漆造。

---

① 忙哥帖木兒丞相，倉聖本、四庫本同。按《元史》卷一一二《宰相表上》記載，武宗至大二年、三年時有左丞忙哥帖木兒，當即此人。參見卷二「減米添俸」條。

秘書志卷第六

秘書庫

書畫籤帖

163 延祐三年三月二十一日，木剌忽怯薛第一日，嘉禧殿内有時分，對速古兒赤也奴院使①、(呀)〔阿〕②不花與張彥清學士有來，叔固大學士對本監官闊闊出少監傳奉聖旨：「秘書監裏有的書畫，無籤貼的教趙子昂都寫了者。」麽道。

① 也奴，《元史》作野訥，畏吾氏，集賢大學士脱列之子，阿禮海牙兄。早年事仁宗於潛邸，武宗即位，授嘉議大夫、秘書監。仁宗居東宫，兼太子右庶子，遷侍御史、崇祥院使，兼將作院使。尋兼太醫院使。仁宗即位，拜樞密院副使，進同知樞密院事。延祐四年卒，年四十。見卷一三七《阿禮海牙傳》。

② 阿不花，原作呀不花。

庀略書畫

164 至元十四年正月二十二日，内裏斡魯朵裏有時分，孛羅官人、張左丞、趙侍郎欽奉聖旨：「秘書監裏有損壞了底文書書畫，都（擗掠）〔庀略〕①底好者。欽此。」

裝褙物料

165 至元十四年二月，裱褙匠焦慶安計料到裱褙物色：

書籍文册六千七百六十二册

褙殼綾，一萬三千八百六十二尺一寸：

每册，黄綾二尺，計一萬三千五百二十四尺

每册，題頭藍綾半寸，計三百三十八尺一寸

紙（册）〔札〕②每册，大小紙六張，計四萬五百七十二張：

濟源，夾紙三張，計（一）〔二〕③萬二百八十六張

束鹿，綿紙三張，計二萬二百八十六張

---

① 庀略，原作擗掠，據原目録改。

② 札，原作册，據四庫本、倉聖本改。

③ 二，原誤作一，據文義及倉聖本、四庫本改。

打麵糊物料：

黄蠟，一錢，計四十二斤四兩二錢

明膠，一錢，計四十二斤四兩二錢

白礬，一錢，計四十二斤四兩二錢

白芨，一錢，計四十二斤四兩二錢

藜蔞，一錢，計四十二斤四兩二錢

皂角，一錢，計四十二斤四兩二錢

茅香，一錢，計四十二斤四兩二錢

藿香，半錢，計二十一斤二兩一錢

白麵，五錢，計二百一十二斤一兩

硬柴，半斤，計該二百一十一秤五斤

木炭，二兩，計五十二秤一十三斤四兩

畫軸大小相滚作二幅計，一千單九軸，每軸用物料：

顔色綾紅絹，八尺，計八千七十二尺

色綾，上等四尺，計四千三十六尺：

黄綾，一千五百尺
藍綾，一千五百尺
白綾，五百一十八尺
皂綾，五百一十八尺
色絹，計四千三十六尺：
黄絹，一千五百尺
藍絹，一千五百尺
白絹，五百一十八尺
皂絹，五百一十八尺
紙每一軸，大小四十張，計四萬三百六十張：
濟源，夾紙一十六張，計一萬六千一百四十四張
東鹿，綿紙二十四張，計二萬四千二百一十六張
打麵糊物料每軸：
黄蠟，二錢，計一十二斤九兩八錢

明膠，一錢，計六斤四兩九錢①

白礬，一錢，計六斤四兩九錢

白芨，一錢，計六斤四兩九錢②

藜蔞，二錢，計一十二斤九兩八錢③

藿香，一錢，計六斤四兩九錢④

白麵，一兩，計該六十三斤一兩

硬柴，一斤，計六十三秤一十斤⑤

茅香，二錢，計一十二斤九兩（四）〔八〕錢⑥

① 四庫本缺此行。

② 四庫本缺此行。

③ 一十二斤九兩八錢，四庫本同。倉聖本作該六十三斤一兩，或將後文「白麵」部分誤抄於此。

④ 四庫本缺此行。

⑤ 四庫本缺此行。

⑥ 八，原作四，倉聖本同。據前後文及四庫本改。

皂角，(三)〔二〕①錢，計一十〔二〕②斤九兩八錢

木炭，半斤，計三十一秤八斤八兩

庀略書畫

166 至元二十一年二月二十九日，照得，至元十四年正月二十二日，内裏斡魯朵裏有時分，孛羅官人、張左丞、趙侍郎欽奉聖旨：「秘書監裏有損壞了底(事)〔書〕畫③，都擗掠的好者。」欽此。具呈照詳，去後，準中書工部關，就令大都路差裱褙匠焦慶安前來本監，將所有書籍圖畫，各各損壞大小不等相滚計料合用物料，開坐狀④呈。

裱褙書畫

167 大德四年十月三十日，準中書工部關：

奉中書省判送，大德四年九月二十四日，速古兒赤衆家奴、哈剌撒哈都欽奉聖旨：「秘書監裏有底書畫，揀好底，衆家奴、哈剌撒哈都您兩個管着者。」省官人每根底與文書，依着張參政説

---

① 二，原作三，顯誤，據文義及倉聖本改。高本已校。

② 二，據前文及倉聖本補，高本已檢出。四庫本缺此行。

③ 書畫，原作事畫，據倉聖、四庫本及本卷前一條「庀略書畫」改。

④ 狀，倉聖本同，四庫本作具。

底，杭州鋪馬(裡)〔裏〕①取好匠人，都裱褙得完備者。合用底紙綾子，教將作院官人每根底應付上(用)〔等〕綾者②。擗掠底完備時，教留守司官人每上等不油底江南好木頭做匣子者，别个底做漆匣子收拾者。用着底玉(國)〔圖〕③書，教咱每年號依着在前樣子，教馬家奴酌中底玉磨與者。太府監裏有底玉軸頭，少底添與者，教張參政提調者。」麼道聖旨了也。欽此。

至大德六年六月，裱褙畢工書畫手卷六百四十六軸。本監照得，欽奉聖旨裱褙秘府書畫，今已完備。所有簽貼，合委請字畫精妙之人題寫。

玉軸頭

168 大德五年二月初五日，本監准中書户部關：

差萬億庫官元提舉引領司庫皇甫士元與本部丁奏差，於内府庫賚得玉軸頭五十九个，赴④秘書監内，於都省張參政當面，對秘書監官依數納足。

---

① 裏，原作裡，據公文習慣用字及四庫本、倉聖本改。

② 上等綾者。原作上用綾者，倉聖本同，四庫本作上綾用者，文義不通。鈔本「官人每」三字後原爲「上等」二字，抄書人發現有誤點滅，在旁用小字改爲「根底」。今據文義將「上等」二字移至此處，並删除上用二字。

③ 圖，原誤爲國字。

④ 赴，四庫本作付。

青菜玉軸頭大小五十四个，内水石一个：

菜玉軸頭三个

瑪瑙軸頭二个

廚櫃架子

169 天曆二年十一月二十六日，照得，當年三月二十一日，闊徹伯怯薛第二日，興聖殿後穿廊裏有時分，速古兒赤不顔帖木兒、温都赤哈剌八都兒、哈剌哈孫、給事中答里麻失里、舍〔里〕別赤①也里雅(雅)②、胡參書、柯參書等有來，本監官譚學士、秘書卿穆薛飛特奉聖旨：「秘書監書畫好生收拾者，少的廚櫃架子，您行與(之)③工部文書，教添造者。」麽道聖旨了也。欽此。

曝曬書畫

170 至元十五年五月十一日，秘書監照得，本監應有書畫圖籍等物，須要依時正官監視，子

---

① 舍里別赤，里字原脱，據前文補。舍里別，又譯舍里八、舍利別等，爲阿拉伯語 sharbāt 之音譯，由動詞 shariba（飲用）變化而來。《至順鎮江志》卷九「大興國寺」載：「舍里八，煎諸香果泉調蜜和而成。舍里八赤，職名也」。

② 也里雅，人名，又作也里牙、野理牙、野里牙等。衍一雅字，當删除。

③ 之，當衍，倉聖本、四庫本無。「行與某某文書」爲一常見句式，有時也作「某某行與文書」。如「今後諸王駙馬各投下，各枝兒裏行與文書」。

細點檢曝曬，不致虫傷浥變損壞外，據回回文書，就便北臺内令兀都蠻一同檢覷曝曬。

關取書籍

171 至元十四年正月二十二日，張左丞奏：「先奉聖旨，教張平章俺兩個分間江南起將來底文書去來。據經史子集、典故文字、陰陽禁書書畫、宋神容，俱係秘書監合行收掌。如別衙門遇有合檢閲書籍，立收附於秘書監關取，用畢卻行還監呵，怎生？」奉聖旨：「那般者。」欽此。

書畫不得出監

172 至元十六年三月二十四日，奉監官圓議得：「本監見收書畫，非奉聖旨及上位不得出監。」

監官提調書庫

173 延祐五年三月初九日，監官議得：秘書庫所藏御覽圖籍、禁秘天文、歷代法書名畫，誠爲不輕。近年以來，凡遇出納，秘書郎等自行開封，倘蒙上位不測取索書畫，失悮未便。今後移請監官一員，不妨本職，逐月輪流提調。如遇陰雨，點視疎漏，常例舒展曝曬。及出納書畫不測之事，直日秘書郎等計會提調府親詣府庫，用心監視，一同開封，毋致似前違錯。仰移關監丞王奉訓依上提調。仍下秘書郎，依上施行。

書畫編類成號

174 至正二年五月，准監丞王奉議道關：切謂古之書庫亦各有目，圖畫亦各（看）〔有〕①題，所以謹貯藏而便披玩也。伏覩本監所藏，俱係金、宋流傳及四方購納古書名畫不爲少矣，專以祗備御覽也。然自至元迄（令）〔今〕②，庫無定所③，題目簡秩寧無紊亂？若不④預爲將經史子集及歷代畫圖隨時分（料）〔科〕⑤，品類成號，倘時奉旨，庶乎供奉有倫，因得盡其職也。合無行下秘書庫，依上編類成號，置簿繕寫，誠爲相應。

在庫書：

書

經，壹伯貳拾壹部，壹千貳拾叁册

史，柒拾玖部，壹千柒伯貳拾肆册

---

① 有，原作看，倉聖本同，據四庫本改。

② 今，原誤作令，據文義改。

③ 所，四庫本作數。

④ 若不，或爲不若之倒誤。

⑤ 科，原作料，顯誤，據倉聖本、四庫本改。高本已檢出。

集，伍拾柒部，壹千柒伯貳拾肆册

道書，三伯三部，四百二册

醫書，一拾四部，一百七十一册

方書，捌部，一百五十二册

先次送庫書一十二部，四百七十八册：

經，六部，一百一十三册

史，四部，七十五册

集，二部，二百九十册

後次發下書一千一百五十四部，一萬六百三十四册：

經書，二百四十四部，二千一百四十五册

史，一百三十二部，一千八百四十三册

子，一百二十二部，七百一十二册

集，四百六十三部，五千九百三十四册

法帖，四十二部，二百一十七册

續發下書六百四十二部、七千五百一十册：

經，一百六十六部，一千九百四十六册

史，四十六部，一千二百七十册

子，二十六部，七十三册

集，一百二十部，二千五十三册

類書，九十六部，九百三十一册

小學書①，六十八部，二百二十八册

志書，三十三部，三百三十册

醫書，五十一部，四百六十一册

陰陽書，一十五部，一百三十册

農書，一十二部，三十七册

---

① 書，四庫本無此字。

兵書，五部，二十一册

釋道書，三部，二十二册

法帖，一部，一十册

書畫二千單八軸：

法書，四百八十二軸

法書，八十三軸

手卷，三百九十七①卷

内府取三十五卷

今在庫三百六十四卷

名畫一千五百五十六軸：

名畫，一千一百五十五軸

---

① 七，倉聖本、四庫本作九。

內府取八十三軸
今在庫一千七十二軸
手卷，三百七十一卷
內府取出三十卷
今在庫二百三十七卷
看册七帙

秘書志卷第七

司屬

司天監

司天之隸秘省，因古制也。國初西域人能曆象，亦①置司天監，皆在秘府，雖或合或離，而事務之稟授，詎容不次諸簡末②。

兩司天隸本監

175 至元十年閏六月十八日，太保傳奉聖旨：「回回、漢兒兩个司天臺，都交秘書監管者。」

臺官六員：

---

① 亦，倉聖本同，四庫本作爰。
② 四庫本末字後多一云字。

三員，見掌在臺供職：

少監：鮮于淳

判官：郝志彬　趙德新

三員，見隨侍安西王：

臺判：蘇正　王世安　郭德

提學一員

教授二員

學正二員

管勾押宿官一十三員：

承應人七十二名，登臺占候天象

知書一名，掌案牘

裝寫曆日一十名

習學生八①名

① 八，倉聖本、四庫本作七。

兩司天臺爲一

176 至元十一年十月初七日，太保、大司農奏過事内一件：「（欽奏）①回回、漢兒司天臺合併做一臺呵，怎生？」奉聖旨：「那般者。」欽此。

考試司天科

177 至元十二年正月十九日，司天臺奉秘書監指揮：

備准中書吏部關，該：「定擬科舉公事。據程試司大格式備細法度，講議定擬，疾早中來。」承此。本臺講議間，又奉指揮，亦爲此事。照得，至元七年太保奏奉聖旨，選取五科陰陽人數，當時本臺於各科經書内出題，許人授②試，知曉者，收充長行承應勾當。及會得③舊日程試司大格式，每三年一次，差官於草澤人内精加考試，中選者收作司天生員，給食直，入臺攻習五科經書。據司天生、本臺存留習學子弟，亦三年一試，中選者作長行待闕收補。爲此議得：若依至

---

① 欽奏，倉聖本、四庫本均有此二字。按元代公文有欽奉，但無欽奏，疑爲衍誤。蓋本應在後文的欽字誤抄於此，又將前一行抬頭字奏二次誤抄所致。

② 授，四庫本作投。

③ 會得，《元典章》《通制條格》等書常用檢會得。檢會，檢索、查閱之意。參見方齡貴《通制條格校注》，中華書局，二〇〇一年，第三〇頁。

元七年試例程試五科陰陽事業，緣爲五科經書内有欽奉聖旨已行拘收禁斷名件，民間不得通習，似難依上選試。若令草澤人依舊例程試，中選者收係養贍，卻緣草澤許試經書，易爲習學，又恐隨路貢舉人多，難以盡行收係。今來本臺參（許）〔詳〕①，（令）〔合〕②無驗各路大小，限定合貢草澤人員與本臺存留習學人，每三年一次，照依下項定擬到事理程試收係，（以）〔似〕③爲相應。緣爲例之事，誠恐所擬未當，開坐秘監照驗。

一、舊例草澤人三年一次，差官考試，於所習經書内出題六道，試中者收作司天生，官給養直，入臺習學五科經書。即目本臺未有額設司天生員，止有五科長行。若令草澤人許直試長行人員，緣五科文書已行拘禁了當，其草澤人不得習學。所據草澤許習經書，即非五科切用正書，難便許試長行。擬合依舊例程試，如試中者收作司天生，是爲相應。今具許習經書、試格如後：

所習經書：《宣明曆》　《符天曆》

王朴《地理新書》　呂才《婚書》

以上經書須合通習。

① 參詳，原作參許，倉聖本、四庫本同，當作參詳。《吏學指南》：「參詳，謂仔細尋究也。」

② 合，原作令，據四庫本及文義改。

③ 似，原作以，據倉聖本、四庫本改。

《周易筮法》《五星》

以上經書合從其所習，臨日考試，各出題一道，許就試人科答題一道。其答《五星》，仍許攜照星經書入院。

試格：題六道，量作兩日程試。

〔算〕曆科①題名一道：

假令依《宣明曆》推步某年月日（桓）〔恒〕②氣經朔。

假令依《符天曆》推步某年月日太陽在何宿度。

《婚書》題一道：

假令問正月内陰陽不將日有幾日。

《地理新書》題三道：

假令問安延翰以八卦之位通九星之氣，可以知都邑之利害者何如。

假令問五姓禽交名得是何穴位。

---

① 算曆科，曆字上原空一格，據文義補算字。倉聖本、四庫本均作「曆科」。

② 恒，原作桓，據倉聖本、四庫本改。

假令問商姓祭主丁卯九月生，宜用何年月日晨安葬。

占卜題一道：

假令問丁丑人於五月丙辰日占求財筮，得姤卦第①爻動，依易筮術推之。

假令問正月甲子日寅時，六壬術發用三傳，當得何課。

假令問大定己丑人五月二十二日卯時生，禄命何如，依三命術推之。

假令問七强五弱，何如之數，依五星術以對。

一，舊例司天生并本臺存留習學子弟三年一次試長行，各驗科目於所習經書内出題，試中者驗文理以定高下，待闕補充長行人員。今議得，合依舊例程試，是爲相應。

占候天文科先視驗目力與測驗科目。

所習經書：

《晉天文》《隋天文》《宋天文》

以上科習一家

① 第，倉聖本同，四庫本作初。

《景祐周天星格圖直圖》

試格：

點畫天星題一道：

假令問紫徽垣東方七宿中外官之類。

義題二道：

假令問渾天、周髀、宣夜三家孰長之類。

占候三式科

所習經書：

《太一王希明金鏡二經》

《景祐福應集》

《遁甲天一萬一訣》又名《三元式經》。

《景祐符應經》

《神定經》

《六壬連珠集》

《補闕新書》

試格：

假令題一道：

問某年月日時四計太乙在何宫之類。

義題二道：皆不限字數，並以不失題意，文理優長者爲中選。

假令問冬至天元一七四何義之類。

假令問百六涉害何義之類。

推步曆算科

所習經書：

《大明曆經串①》舊例試《宣明》《符天》等曆日。今見行《大明曆法》，合試《大明曆書》。

試格：

日蝕題一道：

假令問大定庚子歲至乙巳歲，其間有無日食，但取一蝕爲定。

---

① 串，四庫本作書。

《大明曆》五星題一道，科問一星。

義題二道：

假令問辰法三除之①何義之類。

測驗天文科相驗目力。

所習經書：

《晉天文》《隋天文》《宋天文》

以上科習一家

《渾儀總要星格》

試格：

點畫天星題一道：

假令問三垣二十八舍或赤道内外其星幾座，具形體默畫。

義題二道：

① 之，倉聖本同，四庫本作者。

假令問渾儀七曜之行何義之類。

司辰漏刻科備將試中之人試驗聲口禮數，陞降名次。

所習經書：

《宋天文》內《漏經》舊例試《宣明》《符天》漏經目。今見行《宋天文·漏經》，合試此書。

試格：

假令〔題〕①二道：

假令問冬至五月②夜半定漏。

假令問立春五日中晷常數之類。

義題二道：

假令問四時晝夜刻數不同（合）〔何〕③義之類。

假令問四時中晷常數不同何義之類。

---

① 題，據文意補。

② 四庫本月下有日字。

③ 何，原作合，據文意改。

一、舊例司天生試長行，長行試管勾，管勾試教授。今來議得：今後若管勾有闕，許五科長行試補。如教授有闕，許五科管勾試補。今定到試格于後：

長行試五科管勾者，於本科應用經書内出題六道，内假令三道，義三道，俱中者驗文理以定高下，遇闕以次補用。

管勾試教授者，於五科經書内每科出題兩道，假令一道，義一道。已上十題俱中者，依前定高下，遇闕補充。

一、隨處或有官司，拘收禁書已前先曾習〔學〕①五科經書，藝業精驗及德行可稱者，若止令依例試充司天生員，是爲弊抑。如有似此之人，合令本路官司体問，所習科目委〔定〕〔是〕②精驗，保結開申，許直試各科長行，中選者待闕收補，是爲相應。試例通上。

考試陰陽人

178 至元十三年閏三月十四日，户部呈：「至元十二年開除不當差户内，有合分揀收差户計，開〔坐〕③到各各名項，乞定奪事。」都省：「除外，據司天臺陰陽户計，差官與秘書監官一同試

---

① 學，據前文及四庫本補。

② 委是，原作委定，倉聖本同，據四庫本改。

③ 開坐，原無坐字，據文義及本條後文補。

驗，如委通陰陽科目文書底人，免本身差役。其不通〔者〕①，收係當差。」劄付秘書監，照會去後。回呈：「開坐到本臺陰陽户數，乞定奪施行。」都省：「準呈。今委前絳州知州馬希驥，御史臺委監察御史一員，與本監官、大都路總管府官試驗外，合下，仰照驗，無致中間有狥〔私〕②違錯。仍具選試過委通陰陽人姓名、各各科目，并不過陰陽人姓名，備細保結，開坐呈〔省〕。」

回回曆日

179 至元十五年十月十一日，司天少監可馬剌丁，照得：在先敬奉皇子安西王令旨：「交可馬剌丁每歲推算，寫造回回曆日兩本送將來者。」敬此。今已推算至元十六年曆日畢工，依年例，合用寫造上等回回紙札，合行申覆秘監應付。

改曆法

180 至元十二年八月，司天臺(等)〔算〕曆科③管勾曹震圭呈：「本臺見用大明曆法，至今歲

---

① 者，據文義補。者字表示所屬，公文常見。如《通制條格》卷二《户令》「户例·析居户」：「軍、站、急遞鋪、駕船、漏籍、鐵冶户，户下人口析居者，揭照各籍相同，止令依舊同户當役，如無者，收系當差。」

② 私，據文義補。

③ 算曆科，算原誤作等，倉聖本同，據四庫本改。算曆科，當即前文所見推步算曆科。據《元史》卷九〇《百官志》記載，司天監、回回司天監屬官中均列有五科，即天文科、算曆科、三式科、測驗科、漏刻科管勾名稱，與本書前文所列稍有不同，《元史》所記應爲簡稱。

久漸疎，爲此先於去年十一月内已曾呈省，蒙判送本臺講究，已行回申了當。到日多日不蒙明降，切恐失悮國家大事，臨時疑難分析，乞照驗事。」呈奉都省〔劄付〕①：送吏禮部定擬，具呈。

改演新曆法選差人

181 至元十三年六月十一日，奏奉聖旨：「教改演大元國新曆者。教司天臺選差能書算、測驗精通三十人於改曆處用者。」欽此。行據司天臺申：就於本臺官員管勾陰陽人選取三十人，俱各書算測驗熟閑，寔是精通，申乞照驗。

一、總計三十名

算造二十名：

臺官二員：少監馮天章、判官趙德新

提舉一員：郝昇

教授一員：劉巨源

管勾二員：曹振②圭　霍從政

---

① 劄付，據文義補。

② 振，倉聖本、四庫本作震。

學正一員：張世英

長行人一十三名：

張伯祥　郝餘慶

程顯道　張仲英

劉克讓　王素

張珪　高泰素

王彦實　朱諒

郝智　申居敬

趙居嵓

書寫三名：

李慶餘①　張誠　王亨

測驗七名：

管勾二名：張居寔　岳鉉兼書寫并大都就用測驗。

① 李慶餘，倉聖本、四庫本作李餘慶。高本已檢出。

長行人五名：

王椿　任世清

趙伯亨　趙禎

陳泰初

提調兼攝

182 至元十三年正月二十一日，準秘書監(可)〔扎〕馬剌丁①關該：

奉中書省判送，爲秘書監扎馬剌丁呈：「欽奉宣命，不妨本職兼提點司天臺官。其司天臺陰陽人員應行公事，並不一處商議。請依奉都堂鈞旨，照擬回關事。」準此。照得，至元十年十月内，欽奉聖旨合併司天臺。稟奉太保鈞旨，該：「司天臺官員已經奏準，比及(祈)〔祇〕②受以來，令(此)〔北〕③司天臺官馮天章、(可)〔扎〕④馬剌丁與臺官鮮于少監等具依舊職名，一處畫字勾當。」又蒙太保省會：奉聖旨，「司天臺雖合併了，回回、漢兒陰陽公事各另奏説」。欽此。已

---

① 可馬剌丁，當作扎馬剌丁。另有一人名可馬剌丁，於至元二十七年十月任秘書監。參見卷九。

② 祇，原誤作祈，倉聖本同，據四庫本改。

③ 北，原作此，倉聖本同，據四庫本改。

④ 扎，原作可，據文義改。

令司天臺依上施行。及照勘得，秘書監扎馬剌丁元授宣命，提點北司天臺，係併臺之前欽授。所據司天臺雖是合併，明有奏準聖旨：回回、漢兒陰陽公事各另聞奏。本官自合欽依元授宣命，提點回回陰陽公事。即不知本臺回回官員不行一處商議事理。今準前因，當監議得：司天臺一切回回陰陽公事，本臺掌管回回陰陽官員，合行依舊經由提點扎馬剌丁商議處置，回關照驗。

司天臺事務

183 至元十三年正月，秘書監會驗司天臺下項合行事務，仰逐一遵依施行，仍具管不違悮文狀申來。

一、本臺瞻候、選卜一切事理，唯是依憑陰陽文書，以爲法則。即目各科所用文書，除歷經權行校勘外，其餘典籍，未曾校正。所據陰陽人各家私收文字，遞相差錯，不能歸一。爲此照到本臺先申各科所用文書，開坐前去，仰各科官員、陰陽人等就臺置局，臺官、教授親行監視，將各各文書須要校正歸一合理，並無差錯，執結文狀申來，以憑印記，發下行用。

天文測驗漏刻科：

《宋天文》漏經附。　《晉天文》　《隋天文》

《渾儀》　《總要星格》

《星總星格》　　《景祐圓直圖》

《大觀圓直圖》

三式科：

《太一金鏡式經》　《景祐福應集》

《遁甲天一萬一訣》

《景祐符應經》　《六壬連珠集》

《神定經》

《補闕新書》

一、本臺舊例臺上安置風輪，依時占圖八面之風。秘府在先累曾省會本臺，依例安置去後，至今不見了畢。仰臺官督勒三式科當該人員，須要日近製造起立，令當直人員依例占候附曆。如是似前違慢，定見究治。

一、本臺先申，三式科陰陽人員，合行依例每年推(笑)〔算〕①風雨曆日，并每月二次出題試問占筮之事，如限内不行納到，嚴行責罰。秘府已經準申施行去後，切恐中間滅裂，仰臺官提

① 推算，原作推笑，據倉聖本、四庫本改。

調，仍將每月功課，逐旋送學官校勘優劣，申臺照驗，依例責罰。

一、本臺已行安置浮漏，見設漏刻科管勾、長行人等，所據前項漏刻，不見常川調品。仰臺官親行點視，令本科人員輪番晝夜常川調品行漏，無致時刻間斷，如違究治。

司天不隸本監

184 至元二十五年三月①初五日，奉集賢院劄付：

尚書省劄付②，蒙古奏事譯該：至元二十四年十一月初八日，也可怯薛第一日，香殿裏有時分，火兒赤脱憐帖木兒、不花、(剌)〔速〕③古兒赤禿林台、博兒赤哈答孫、唆歡同知、月迭〔迷〕失④

① 三月，倉聖本作正月，高本已檢出。四庫本亦作正月。

② 四庫本於尚書省前多「來奉」二字。

③ 速原作剌，倉聖本同，徑改。

④ 迷，原脱，倉聖本同。月迭迷失，又譯月的迷失。此人當與《元史》卷一五《世祖十二》中所見「同知江西行樞密院事月的迷失」爲同一人。

同知，對這的每，相哥丞相、阿魯渾撒里平章、葉右丞①、阿（歡）〔難〕答尚書②、忽都答兒尚書③、乞失馬失里尚書等奏：「秘書監司天臺裏有的觀星象的每根底，在先扎馬剌丁、愛薛他每相管着來。前者，『扎馬剌丁、愛薛兩个根底，秘書監漢兒觀星象的每根底休教管者』麽道，聖旨有來。如今將秘書監司天臺，集賢院裏撒里蠻、阿魯渾撒里那的每根（的）〔底〕④教⑤管呵，怎生？」奏呵，「那般者」。麽道，聖旨了也。欽此。

---

① 相哥，即桑哥。葉右丞，即葉李，字太白，一字舜玉，杭州人。至元二十三年世祖召至大都，次年再立尚書省，任左丞，不久陞右丞。

② 阿難答尚書，阿難答原作阿歡答，倉聖本作阿鸛答，四庫本作阿難。《永樂大典》卷一九四一八「站赤三」至元二十六年條載：「三月二十日，尚書阿難答等奏：給海道運糧萬户府鋪馬聖旨五道，起馬五匹。奉旨與之。四月二日，尚書阿難答奏准事理：四川紹慶路給降鋪馬劄子二道，每道起馬一匹……」此尚書阿難答應爲同一人，與著名的安西王阿難答同名。

③ 忽都答兒尚書，《元史》卷二〇五《桑哥傳》載，至元二十五年，「兵部尚書忽都答兒不勤其職，桑哥毆罷之，而後奏」云云，或即此人。

④ 底，原作的，據倉聖本、四庫本改。

⑤ 教，倉聖本誤作收。

回回書籍

185 至元十年十月，北司天臺申，本臺合用文書（經）〔總〕計①經書二伯四十二部。

本臺見合用經書一百九十五部：

兀忽列的，《四擘算法段數》十五部

罕里速窟，《允解算法段目》三部

撒唯那罕答昔牙，《諸般算法段目并儀式》十七部

麥者思的，《造司天儀式》十五部

阿堪，《訣斷諸般災福》　部

藍木立，《占卜法度》　部

麻塔合立，《災福正義》　部

海牙剔，《窮歷法段數》七部

呵些必牙，《諸般算法》八部

《積尺諸家歷》，四十八部

① 總計，原作經計，據四庫本改。

速瓦里可瓦乞必，《星纂》四部

撒那的阿(速)〔剌〕忒①，《造渾儀香漏》八部

撒非那，《諸般法度纂要》十二部

提點官家内諸般合使用文書四十七部：

亦乞昔兒，《燒丹爐火》八部

忒畢，《醫經》十三部

艾竭馬答，《論説有無源流》十二部

帖里黑，《總年號國名》三部

密阿，《辨認風水》二部

福剌散，《相書》一部

者瓦希剌，《(別)〔辨〕②認寶(具)〔貝〕③》五部

---

① 阿剌忒，原誤作阿速忒，據倉聖本改。高本已校。

② 辨，原作別。高本已校。

③ 貝，原作具。高本已校。

黑牙里，《造香漏并諸般機巧》二部

虵艾立，《詩》一部

兀剌速，八个

窟勒，小渾天圖

阿剌的殺密剌，測太陽晷影一个

牙秃魯，小渾儀一个

拍兒可兒，潭定方圓尺一个①

興文署

興文署隷本監

186 至元十年十一月初七日，太保、大司農奏過事内一件：「興文署掌雕印文書，交屬秘書監呵，怎生？」奉聖旨：「那般者。」欽此。

本署元設：

① 有關以上回回書籍及儀器，王一丹《元代傳入中國的波斯阿拉伯語典籍：從〈秘書監志〉中的「回回書籍」談起》（載《新絲路學刊》總第八期）有新研究，可參閲。另，此下原空七行。

官三員　令一員　丞二員
校理四員　楷書一員　掌(紀)〔記〕①一員

事故：

官一員：楊時煦
校理二員，今改大都儒學教授：孫奐②　劉震

見任官二員：

署令：馬天昭
署丞：王鼎
校理二員：李嘉　古申
楷書：吕最③　掌記：趙謙
雕字匠花名計四十名：作頭一名匠三十九名
印匠一十六名

① 掌記，原作掌紀，倉聖本同，據後文及四庫本改。
② 奐，倉聖本、四庫本作英。高本已檢出。
③ 最，倉聖本、四庫本作勗，高本已檢出。

興文署不隸本監

187 至元十三年十二月，中書省奏奉聖旨：省併衙門，内興文署併入翰林院，王待制兼管①。有印造每年曆日事務，撥附秘書監親管，王待制牒保都作頭董濟於本監依舊勾當，祗受吏部劄請俸，依上勾當。

---

① 王待制，即王利用，字國賓，通州潞縣人。遼贈中書令、太原郡公籍之七世孫，高祖以下皆仕金。元初擢翰林待制，兼興文署，奉旨程試上都、隆興等路儒士。後陞直學士，同修實録，歷提刑按察使、太子賓客等。卒年七十七。《元史》有傳。

秘書志卷第八

〔進賀〕

表箋①

聖節賀表

至元三十年，劉賡

律〔吕〕〔中〕②南吕，肇開彌月之〔祥〕③；□□□□，〔共效如山之〕④祝。聲教所暨，□□□□。

① 以下原空四行。
② 中，原作吕，據四庫本改。
③ 祥，據四庫本補。
④ 共效如山之，據四庫本補。

中賀欽惟憲天述道、仁文義武、大光孝皇帝陛下，德合乾坤，明並日月。繼中華之正統，席列聖之洪基。異域來(皇)〔王〕①，見皇威之遠暢。新河既道，慶國漕之旁通。大庇羣生，永膺多福。臣某等欣逢穀旦，獲近清光。仙省承恩，徒忝修書之任。倪觴獻壽，願推報上之誠。

賀正旦表

至元三十年，王公孺

三十年曰世，協堯曆以授時。八千歲爲春，指莊椿而稱壽。(空根)〔穹垠〕②薦祉，臣庶傾心。中賀剛健粹精，高明悠久。隆封建以安磐石，通漕運以實京師。熙績而允釐百工，迪功而外薄四海。申命行事，法羲易之甲庚。頒朔起元，符虞朝之戊午。治新象魏，慶衍鴻圖。某等幸際昌辰，濫司秘府筍班，趁〔賀正〕③月之吉，始和椒頌，對揚萬年，以〔介〕④景福。

---

① 王，原作皇，聲近致誤，據倉聖本、四庫本改。
② 穹垠，原作空根，倉聖本同，據四庫本改。
③ 賀正，原空二字，據四庫本補。
④ 介，原空一字，據倉聖本、四庫本補。

賀聖節表

至元二十九年，秦允父

電繞樞虹流渚，式〔影〕〔彰〕①萬世之禎祥。龜負檢龍薦圖，允協千齡之聖運。惟金行之應律，罄海宇以騰歡。臣某〔事〕〔等〕②功塞兩間，道光五葉。舞干羽而方懋厥德，執玉帛者罔有不庭。雨暘時敘而品物亨，朝廷清明而治功著。太平有象，樂西成大稔之年。丕祚無疆，現南極老人之瑞。臣等承乏東觀，獲仰西清。幸逢彌月之臨，敢起後天之祝。丹墀拜手，叨陪玉筍之班。瑶殿稱觴，願挹金莖之露。

賀正表

至元三十一年，王公孺

體元〔瑞〕〔端〕③本，號開寶曆之初。介祉稱觴，〔禮〕④展漢儀之盛。昌辰欣遇，率土交懽。中賀德備英文，仁深孝敬。觀天下以中正，履帝位而光明。受命惟新，荷天休之滋至。守誠爲

---

① 彰，原作影，據四庫本、倉聖本改。
② 等，原誤作事，據文義改。
③ 端，原作瑞，據四庫本、倉聖本改。
④ 禮，原脱，倉聖本空一字，據四庫本補。

重，見文治之蔚興。纂述遺謀，兼隆至養。宣崇光於先葉，加德教於綿區。茂膺獻歲之祥，（光）〔允〕①協三陽之泰；蕩恩光於萬里，動春色於九重。臣某等煥舉賀儀，恭陪大禮。職連璧彩，幸叨石渠東觀之榮；頌獻椒花，仰祝天保南山之壽。

太皇后②賀正表

元貞元年，王公孺

九有承風，已被周南之化。三朝受賀，端居長樂之尊。慶洽中天，歡騰萬國。中賀體涵淵靜，德粹温恭。密贊詒謀，力行善事。儷母儀於四海，備陰教於六宮。彤管流輝，難形盛美。金（父）〔文〕③頌德，宜受鴻（右）〔名〕④。傳彝典於方來，嗣徽音於振古。適履歲華之始，宜膺福佑之新。臣某等嚴奉宸闈，班聯秘府。三陽布德，方坤元資庶物之生。萬壽稱觴，祝聖母衍無疆之算。

---

① 允，原作光，據倉聖本、四庫本改。

② 太皇后，倉聖本、四庫本無此三字。

③ 文，原作父，據倉聖本、四庫本改。

④ 名，原作右，據四庫本改。

太后①正旦表

元貞二年，倪堅

對時育物，乾體資始之元。賀朔稱觴，坤（母）②亨安貞之吉。宸闈日永，寰宇春熙。中賀道合太沖，德符厚載。徽音播雅，繼周室之（恩）〔思〕③齊。聖孝悦親，朝漢宮之長信。鴻名揚（子）〔于〕④寶册，懿範肅乎（壺）〔壼〕⑤儀。屬此履端，受兹介福。臣某等躬逢穀旦，職忝蓬山。鰲極奠安，莫紀五色補天之蹟⑥；龍墀慶會，願賡萬年齊壽之詩。

賀正表

元貞二年，馬澤

考曆開端，式布四和之令。體乾爲治，茂膺長發之祥。一氣回春，庶邦胥慶。中賀至仁博施，達孝光前。慈壼尊安，謹四時之寢膳。殊方悦服，走萬里之梯航。三陽屬天地之交，千載際

---

① 太后，倉聖本、四庫本無此二字。

② 母，疑衍，四庫本無此字。

③ 思，原作恩，據四庫本、倉聖本改。

④ 于，原作子，倉聖本、四庫本作於。原書當作簡化的于字，因形近誤爲子。

⑤ 壼，原作壺，據文義改。下多見，不出注。

⑥ 蹟，四庫本作績。

風雲之會。臣某等叨塵秘府，幸遘昌辰。東〔璧〕〔壁〕①增輝，復見圖書之盛。南箕永壽，克綏福禄之崇。

聖節賀表

大德二年，王公孺

天佑下民，茂啓重熙之運。臣思報上，願伸歸美之誠。華旦光臨，寰區同慶。中賀温文天縱，聖敬日〔愛〕〔躋〕②。從御已來③，未嘗以位爲樂，恭己務期於安静。睿思時發，其英明以若稽古之心。光繩祖武，行不忍人之政。愛始慈闈，從善如流。遇災知懼，沛恩澤而溥霑動植，虞水旱而封秩山川。螟蝗與沴氣以潛消，黍稷告甫田之大稔。人躋壽域，世沐祥風。臣某等叨居秘府清嚴，愧匪儒宗鴻碩。欣逢嘉會，上獻露囊。九五龍飛，慶協誕彌之月。懽呼虎拜，算隆億萬之年。

正旦賀皇太后表

大德三年，趙炸

坤厚體元，茂衍慈闈之祉。泰陽肇序，宏開壽域之春。喜溢宫庭，光生宇宙。中賀善積有慶，

---

① 璧，原作璧，據倉聖本、四庫本改。下多見，不出注。

② 躋，原作愛，據倉聖本、四庫本改。

③ 從御已來，四庫本作蓋自御極以來。

德合無疆。和氣怡愉，受四海九州之隆養。仁心溥（溥）〔博〕①，培萬年億載之丕基。日月所照皆尊親，天地之間被潤澤。祥風誕布，化晷舒長。臣某等班近蓬萊，躬趨閶闔。徽音載誦，俯攄歸美之誠。累福惟新，仰致履端之祝。

正旦表

大德四年，孔淑

春王正月，載班玉曆之新。天子萬年，丕衍皇圖之永。乾坤交泰，朝野均歡。中賀文武聖神，聰明睿知。慈壼奉怡愉之樂，椒塗開揖蟄之祥。端扆視朝，諸福之物必至。受圖膺貢，四海之内皆臣。年喜屢登，慶隆申錫。臣某等叨居秘府，幸際昌辰。校鴻寶苑之書，慙微補報；效華封人之祝，深切對揚。

正旦賀表

大德四年，王公孺

時乘六龍，出青陽之左个。天開萬國，拱紫極於中央。洪鈞播景氣之氲，大禮覲漢儀之盛。中賀英明天縱，孝敬日躋。纂承列聖之基圖，嗣接一家之正統。神人交暢，致克享於天

① 博，原作溥，據倉聖本、四庫本改。

心。威德兼隆，見光繩於祖武。正壼儀而務求内助，講政典而思洽時雍。暖回北陸之嚴寒，瑞靄九重之春色。臣某等恭陳椒頌，庸播芸香。一德惟新，體乾元而不息。萬年斯永，祝聖壽以無疆。

天壽節表

大德四年，趙炘

洪範九五福，式符震夙之期。聖壽億萬年，妙合乾元之運。寶樞電繞，玉宇秋清。中賀濬哲文明，剛健中正。溥大德好生之意，敷錫庶民。紹太平全付之基，保成至治。隆本支於百世，混文軌於四方。慶衼川增，懽聲雷動。臣某等叨司中秘，深荷上恩。日之升，月之恒，願言歸美。天所覆，地所載，莫不尊親。

天壽節賀表

大德五年，郭道恭

天頒寶曆，端五位以有臨。春麗玉墀，進三陽而開泰。頌聲洋溢，和氣薰陶。中賀德合乾坤，明並日月。行慶布惠，體大德曰生。發政施仁，遂羣情所欲。撥一札十行之旨，回九州四海之春。率土謳歌，同心忻戴。臣某等幸逢瑞旦，忝綴清班。閶闔曉開，共致嵩呼之敬。蓬萊雲近，俯伸鼇抃之忱。

天壽節表

大德五年，王庸

大德必壽，適日躔於壽星。有道者昌，宜天啓其昌運。凡居覆燾，同致禱祈。中賀居正體元，顯仁藏用。叡算難回以邪枉，神明洞燭於幾微。罷寺刹無益之營，式寬民力；開臺司正言之（露）〔路〕，①用肅朝綱。煥炳百王，光（揮）〔輝〕②奕葉。臣某等忻逢誕節，喜倍輿情。愧無補於聖時，慙素餐於中秘。期歸美報，採九州四海之歌。冀效微忠，上億載萬年之頌。

正旦賀表

大德六年，趙炸

寅正紀歲，開泰道以生春。中命自天，應履端而頒朔。乾坤和氣，朝野懽聲。中賀聰明有臨，剛健不息。（舊）〔奮〕③揚神武，振采薇治外之威。敷錫庶民，溥洪範建中之福。播寬條而布惠，體大造之好生。一統常尊，羣情胥慶。臣某等叨同中秘，幸際昌期。瞻五色雲，喜近蓬萊之瑞。祝萬年壽，常依閶闔之光。

---

① 路，原作露，據倉聖本、四庫本改。
② 輝，原作揮，據倉聖本、四庫本改。
③ 奮，原作舊，倉聖本同，據四庫本改。

天壽節賀表

大德六年，王庸

慶符良月，秀漢芝之九莖。瑞表熙辰，開堯蓂之五葉。節方臨於載誕，運適契於丕承。凡托蓋容，舉深抃蹈。中賀孝繩祖武，〔德〕①享天心。合四海以爲家，保兆民而若子。乾坤覆燾，咸歸統御之中。日月照臨，不出範圍之外。頌聲洋溢，叶氣横流。臣某等久玷清班，叨居秘館。幸際千齡之會，敬稱萬壽之觴。深愧非才，未撰帝謨之皇覽。尚能歸美，載賡天保之周詩。

正旦賀表

大德七年，趙炸

閏定四時，行寅正而頒朔。尊臨一統，闡元會以履端。景福維新，頌聲遠播。中賀宏開泰運，妙用乾剛。天命人心，壯皇基於有永。祖功宗德，培至治於無疆。寬恩體大造之（化）〔好〕②生，惠政順陽春而布澤。蓂敷初莢，律應始和。臣等星拱紫宸，曉趨黄道。九疇建五，近依天子之光；萬歲呼三，共祝聖人之壽。

---

① 德，原脱，據倉聖本、四庫本補。

② 好，原作化，據倉聖本、四庫本改。

正旦賀表

大德十一年

鳳曆更端，禮謹三朝之會。龍庭輯瑞，歡生萬國之心。凡在照臨，惟均鼓舞。中賀德符乾健，道與泰亨。調玉燭以和四時，在璿璣而齊七政。春生畿甸，誕敷賑貸之恩。天覆遐方，溥賜寬仁之詔。薦臻景福，永亨太平。臣某等喜近清光，恭臨盛旦。班聯芸閣，幸逢千載之期。頌獻椒觴，願祝萬年之壽。

天壽節賀表

大德十一年，劉士晃

七月流火，誕開虹降之祥。萬壽奉觴，喜際龍飛之運。照臨所暨，抃蹈惟均。中賀（抵）〔祗〕①遹孫謀，丕揚祖烈。體乾元而首庶物，繼離明而照四方。尊文母之徽，稱道全至養。立天下之大，本斷自宸衷。霈澤先將士之功，蠲賦寬農民之力。分厥寶玉，益親磐石之宗。禮以璧琮，有肅圜丘之祀。諸福畢至，和氣交孚。臣某等濫守蘭臺，欣逢華旦。班聯星拱，幸依東壁之光。聲效嵩呼，願上南山之祝。

---

① 祗，原作抵，據倉聖本改，四庫本作祗述。

皇太子受册賀箋

大德十一年，趙炘

慶衍丕基，定儲闈而立本。祥開甲觀，新册命以揚名。茂對昌辰，備成令典。中賀 德兼仁勇，位重元良。習與正人，居輔翼選端莊之士。言爲天下，法忠勤明治理之方。措宗社如泰山之安，合寰區霑重海之潤。頌聲遠播，景福方來。臣某等芸蠹清寒，蓬鼇舞抃。青宮陽氣，噓回壽域之春。東壁文光，喜近前星之照。

皇太子箋

大德十二年①，趙炘

天開黃道，新正紀鳳曆之元。春麗青宮，瑞氣藹龍樓之曉。光生中禁，懽動寰區。中賀 粹毓英姿，篤行正道。文明剛毅，立國本以在躬。仁厚謙恭，正儲端而傳②德。永膺多福，茂衍丕圖。臣等仰對昌辰，俯陳賀悃。正月之吉，喜交泰於方來。前星所臨，覩重輝之有瑞。

---

① 大德十二年，倉聖本、四庫本作大德十三年。按大德十一年（一三〇七）正月丙寅朔，成宗病危，免朝賀，七日後駕崩。同年五月武宗海山繼位於上都，六月立愛育黎拔力八達（即仁宗）爲太子，十二月庚申（二十九日）所頒詔書言「可改大德十二年爲至大元年」。故有大德十二年之説，但無大德十三年。參見《元史》卷二一《成宗四》和卷二二《武宗一》。

② 傳，倉聖本同，四庫本作修。

上皇太后尊號、賀皇帝表

至大三年，張振

聖人臨御，孝莫大於尊親。顯號推揚，禮無逾於成憲。臣鄰胥慶，夷夏交懽。中賀統天繼聖、欽文英武、大章孝皇帝陛下，濬哲温恭，剛健篤實。受天明命，纘累聖之丕圖。歸美慈闈，暢一家之和氣。增崇坤極，俯順人心。顧治道之有光，寔母儀之攸賴。臣某等欣逢盛際，忝職秘書。寶册升聞，德獨高於任姒。瑶堦拜祝，壽願等於乾坤。

賀皇太后受尊號表

〔至大三年十月〕①

慈謨丕顯，端居長樂之尊。徽號推崇，益著思齊之聖。慶綿宗社，喜益②寰區。中賀儀天〔與〕〔興〕聖③慈仁昭懿壽元皇太后陛下，道合坤元，仁均蒙養。處崇高而弗有，由恭儉以能先。

---

① 至大三年十月，據《元史》卷二三《武宗二》至大三年十月條補。參閲後文注。

② 益，四庫本作溢。

③ 儀天興聖，興原誤作與，倉聖本同，據四庫本及前引《元史》卷二三《武宗二》至大三年十月條「上皇太后尊號册寶，曰儀天興聖慈仁昭懿壽元皇太后」改。興聖皇后名答己，弘吉剌氏，按陳孫渾都帖木兒之女，生武宗及仁宗。見《元史》卷一一六《后妃二》。

大明繼升，素定禁中之策。重暉有（輝）〔耀〕①，獨先天下之公。惟大德之難酬，宜鴻名之誕舉。載揚懿範，用聳羣瞻。臣某等濫守蘭臺，欣逢縟典。增輝彤史，光昭任（妙）〔姒〕②之音。贊治皇圖，遠比唐虞之盛。

賀皇太子千秋箋

至大四年，白鐸

光耀前星，位啓東宮之正。誕彌厥月，祥開南極之明。喜浹人神，歡騰寰宇。中賀挺姿英粹，迪德温文。監國撫軍，允叶元良之望。問安侍膳，聿③崇孝養之儀。對越天地之耿光，丕承祖宗之休烈。臣某等忝司秘閣，幸際昌辰。青禁稱觴，（杭）〔祝〕④益隆於三善。皇圖衍祚，期永錫於萬年。

登極賀表

至大四年，白鐸

大寶正位，重離繼明。廓天下以光昭，踵動華而授受。歡生京闕，慶浹堪輿。（臣某等）⑤中賀

---

① 耀，原作輝，據倉聖本、四庫本改。
② 姒，原誤爲妙，據四庫本改。
③ 聿，四庫本作幸。
④ 祝，原誤作杭，據倉聖本、四庫本改。
⑤ 臣某等，倉聖本、四庫本無此三字，疑衍。

協舜温恭，〔嗣〕①湯勇智。衍皇圖於祖武，本聖道於人倫。中國之有至仁，無思不服。王者之大一統，咸與維新。景命方綿，鴻基滋固。臣等叨居秘府，獲覿明時。煦嫗至恩，惟天所覆，地所載；詠歌叡算，如月之恒，日之升。

天壽節賀表

延祐三年，鄭方大

清明簡在聖躬，企瞻龍御。上巳著爲令節，再紀虹流。凡依日月之光，共贊春秋之富。中賀尊臨南面，敬萃東朝。紀綱制度之精詳，繩其祖武。文物典章之備具，貽厥孫謀。願言（治）〔沾〕②被於君恩，長是融和之天氣。臣某等濫膺館職，幸遇昌期。皇帝福壽，萬年（土）〔玉〕③芝愈茂。御府圖書，四庫金鑑常（親）〔新〕④。

---

① 嗣，原脱，倉聖本空一字，據四庫本補。
② 沾，原作治，據四庫本改。
③ 玉，原作土，據倉聖本、四庫本改。
④ 新，原作親，據倉聖本、四庫本改。

册皇太子、賀皇帝表

延祐六年，(表)〔袁〕①尊道

寶命增輝，離正焕重明之象。璿源儲秀，震亨開一索之祥。嘉慶繇傳，歡聲總集。中賀受天明命，纂國丕基。眷維宗社之安，允屬元良之建。上天歆祐，宜四海以歸心。列聖顧存，寔一人之有慶。臣某等叨居秘府，喜際昌期。復覩周祚之隆，本支百世。願效(鞏)〔華〕②封之祝，壽考萬年。

皇太子受册賀箋

延祐六年，忽都答兒

鴻册東宫，允叶推尊於太極。龍墀南面，膺符儲位於前星。宗社無疆，臣民有慶。中賀聰明時憲，剛健日新。遵祖訓以紹丕圖，宸闈晝永。奉慈顔而隆至養，宇宙春回。愛守器之克勤，寔肇邦之是賴。臣某等式瞻鶴禁，叨職麟臺。(鞏)〔華〕③儀如日之方升，休光仰荷。盛典與天而齊久，眷命恢洪。

---

① 袁，原作表，據倉聖本改。四庫本缺此行。
② 華，原作鞏，據倉聖本、四庫本改。
③ 華，原作鞏，據倉聖本改，四庫本作隆。

皇太子箋文

延祐七年，偰玉立

寶曆授時，布陽春於萬寓。玉卮稱壽，集嘉慶於重闈。民物阜康，乾坤開泰。中賀性全英睿，器合温文。宣忠孝之弘①規，永維時義。佩詩禮之明訓，慎厥身修。茂對良辰，誕膺繁祉。臣某等職叨中秘，行綴末班。邦本益隆，光贊升平之治。輿情胥悦，潤（治）〔沾〕②普博之恩。

正旦賀表

至治三年

璿璣齊政，載調七十二候之和。黼座當陽，誕受千八百國之賀。神人協贊，宗社交歡。中賀道與日新，聖由天縱。丕承祖武，登庸輔相之賢。克厲德心，敷錫黎元之福。履泰亨於至治，體乾健於大明。臣某等忝列朝班，叨塵秘府。椒盤獻頌，式符嵩嶽之呼。楓陛稱觴，願效華封之祝。

---

① 弘，四庫本作鴻。

② 沾，原作治，據倉聖本、四庫本改。

登寶位賀表

至治三年，張弘毅①

體元居正，乾坤啓景命之符。膺籙受圖，宗社衍鴻禧之慶。山川改觀，草木增輝。中賀敬同日躋，聖由天縱。（以大）②斗轉星杓，誕留③三朝之盛。春融椒頌，茂膺五福之隆。率土惟新，普天胥慶。中賀德侔坤順，位配乾元。仁洽家邦，贊唐虞之聖治。德形宮壼，蹈（妊）〔任〕④姒之高風。恭履剛辰，克彰柔道。臣某等叨居秘府，謬列相班。頌衍周詩，敢效二南之詠。觴稱漢殿，願伸萬歲之呼。

正旦賀表

泰定二年，達普化

青陽肇序，式隆泰長之亨。紫禁回春，光啓乾嘉之〔會〕⑤。歡騰中外，慶溢寰區。中賀乃

---

① 張弘毅，倉聖本同，四庫本作張宏殷。
② 以大，倉聖本同，四庫本無此二字，疑衍。
③ 留，倉聖本作召，四庫本作屆。
④ 任，原作妊，據前文改。
⑤ 會，原脱，倉聖本空一字，據四庫本補。

聖乃神，曰肅曰義。昊天欽若，經堯歷以授時。正月始和，詔周邦而敷治。恢弘至道，茂介繁禧。臣某等〔職忝〕①石渠，班聯玉筍②。拱北辰而居所，願效衆星。瞻東壁以對揚，（處）〔虔〕③稱萬壽。

賀皇太子千秋箋

泰定二年，王守誠

青陸迴陽，正月肇④東宮之慶。紫霄分瑞，前星映南極之輝。適經七日之爲人，樂與四方而來賀。中賀仁充壽⑤域，孝定邦基。德表重光，胤⑥錫綿綿之（失）〔瓞〕⑦。愛均同氣，芳聯韡韡之華。三光迎載育之祥，百世衍維祺之福。臣某等（治）〔沾〕⑧恩少海，登仕蓬山。寶曆夏時，

---

① 職忝，原脱，倉聖本空二字，據四庫本補。
② 四庫本、倉聖本作筍。
③ 虔，原作處，倉聖本同，據四庫本改。
④ 肇，倉聖本、四庫本作啓。
⑤ 壽，倉聖本作賀，四庫本作區。
⑥ 胤，倉聖本同，四庫本作瑞。
⑦ 瓞，原作失，據倉聖本、四庫本改。
⑧ 沾，原作治，據倉聖本、四庫本改。

永翊鴻圖於中夏。玉卮春酒，〔載〕①融鶴禁之長春。

天壽節賀表

泰定二年，王守誠

河圖成十，乾爲萬物之元。太極函三，天啓一人之祚。仰瑶光而紀瑞，先寶曆以迎長。中賀精義入神，睿思作聖。山川咸秩，將黍稷之馨香。原隰載馳，播絲綸之寬大。皡皡承謨之顯，綿綿錫嘏之純。臣某等就日蓬萊，〔邦〕〔披〕②雲閶闔。書陳金鏡，文章貫東壁之躔。樂合應鐘，舞蹈祝南山之壽。

正旦節賀表

三元開泰，龍躔析木之津。八表迎祥，燕進椒花之頌。允昭人正，適謹王春。中賀聖德聰明，睿謨濬哲。〔永〕〔求〕言而廣賢路，樂庶績之咸熙。命相以贊大猷，期九功之惟敘。四靈畢至，諸福薦臻。臣某等職忝木天，班聯魏闕。望雲稱慶，永依太極之尊。就日抒誠，悉囿同仁之化。

---

① 載，原脱，倉聖本空一字，據四庫本補。

② 披，原作邦，倉聖本空一字，據四庫本改。

賀皇后箋

泰定三年，那懕〔罕〕①

歲集陬訾，茂啓三陽之運。春回禁掖②，聿開六壼之祥。天地清明，宮闈愉悦。中賀雅存懿範，不著徽音。翟茀以朝，敏慧夙成於君道。彤管有煒，賢慈式建於母儀。克佐昌辰，允膺繁祉。臣〔某〕等③職縻東觀，班莛④内廷。漢殿禮嚴，願獻椒花之頌。周家化洽，行歌樛木之詩。

賀皇太子箋

泰定三年，雅古

維斗建寅，歲式躔於析木。於時爲〔春〕〔泰〕⑤，春始暢於瑶山。氣協鈞陶，慶隆宗社。中賀神凝玉裕⑥，德美淵潛。早⑦建元良，咸樂聖人之有子。得聞孝悌，必求端士之與居。益乘長善

---

① 罕，據倉聖本、四庫本補。

② 掖，倉聖本同，四庫本作苑。

③ 臣某等，原作臣等，倉聖本、四庫本作某等，據補某字。

④ 莛，倉聖本、四庫本作篚。

⑤ 泰，原誤爲春，據倉聖本、四庫本改。

⑥ 裕，四庫本作字。

⑦ 早，倉聖本、四庫本作蚤。

之資，永作繼明之盛。臣某等承〔恩〕①蓬觀，獻頌椒觴。晝（累）〔景〕②舒長，觀璧奎之圖史。仁風洋溢，詠日月之輪光。

天壽節賀表

泰定四年，國元籚③

時維良月，聿臨載夙之辰。曆紀閏年，丕衍重明之運。大開閶闔，盛集衣冠。（寅夕）〔永〕④紹皇圖，思章洪葉。類於上帝，益嚴昭格之誠。錫厥庶民，普洽好生之德。神人胥悦，遐邇均安。臣某等著述罔功，際逢有幸。升〔肇〕⑤東觀，忝陪清峻之班。獻壽南山，願祝靈長之祚。

正旦賀表

泰定五年

王春謹始，大開居（止）〔正〕⑥之儀。璿政更新，茂集履端之慶。凡知愛戴，莫不尊親。中賀

---

① 恩，原脱，倉聖本空一字，據四庫本補。
② 景，原作累，倉聖本同，據四庫本改。
③ 籚，倉聖本同，四庫本作簾。
④ 永，原作寅夕，倉聖本同，疑有誤，據四庫本改。
⑤ 肇，原空一字，據倉聖本補，四庫本作華。
⑥ 正，原誤作止，據倉聖本、四庫本改。

道撫盈成，功祭①覆燾。體乾坤之交泰，如日月之有恒。肆（目生）〔眚〕②推恩，誕布德音之溥。諏經問道，用圖政績之熙。嗣歲聿興，羣情胥悦。臣某等叨居東觀，幸拱北辰。玉筍聯班，敢預簫韶之九奏。椒花獻頌，願陪嵩嶽之三呼。

正旦賀皇后箋

至順二年，王克修③

春臨閶闔，應淑氣於三陽。風動簫韶，協徽音於六吕。乾坤開泰，日月齊明。中賀博厚無疆，柔嘉維則。五色煉補天之石，〔克〕④佐中興。七襄成輔日之章，聿修内治。正褘衣而御翟，相黼扆以當陽。頌達椒盤，祥開玉署。臣某等夙叨秘府，喜際昌期⑤。關雎麟趾之化，行二南正始。既醉鳧鷖之福，備萬世太平。

---

① 祭，倉聖本作際，四庫本作隆。

② 眚，原作目生，據倉聖本改，四庫本作赦。

③ 修，原作順，四庫本作修，倉聖本作脩。按王克修之名，見於卷一〇《題名》「著作佐郎」。

④ 克，原脱，倉聖本空一字，據四庫本補。

⑤ 期，倉聖本、四庫本作朝。

天壽賀表

天曆三年，程大本

皇太后表

天開元旦，慶一歲之更端。星拱慈闈，儼千官之在序。凡均覆載，莫不懽忻。中賀富貴克勤，貞淑丕一。雞鳴示儆，輔先帝之中興。燕翼詒①謀，隆嗣皇之至養。陰教久行於中壼，徽稱宜建於東朝。茂對昌辰，誕膺多祐。臣某等叨恩秘閣，接武近班。瞻鑾輅之承顏，恭趨玉陛。奉霞觴而上壽，永樂瑤池。

天壽節賀表

至元六年，姚堉

虹流華渚，呈上帝之儲祥。電繞斗樞，仰聖君之受命。（勸）〔懽〕②盈宇宙，瑞鬱寰區。中賀德輔天心，基承祖訓。涣綸音以彰大化，號令聿新。施霈澤以示同仁，典章仍舊。願躋仁域，共沐恩波。臣〔某〕等職掌秘書，班聯内署。嵩呼萬歲，誦四月維夏之詩。虎拜千官，致一人有慶之

---

① 詒，倉聖本、四庫本作貽。
② 懽，原作勸，據倉聖本、四庫本改。

祝。臣某等無任瞻天樂聖，激切屏營之至，謹奉表稱賀以聞。

正旦賀表

至正元年，程益

春秋大一統，羣臣舉元會之儀。閏月定四時，太史紀有年之慶。諸福畢集，萬姓交歡。中賀恭己無爲，純一不已。崇儒重道，載興取士之科。尊祖敬宗，聿嚴躬祀之典。天地位而萬物育，極致中和。股肱良而庶事康，愛①資謀斷。緝熙聖學，而作之君師。率由舊章，而建用皇極。臣某等職司芸閣，敬奉椒觴。河出圖而洛出書，東壁（煥）〔焕〕②人文③之秘。雲從龍而風從虎，大廷覩聖德之光。

賀皇后箋

至正元年，程益

星軒肅駕，法臨九嬪之尊。斗柄回春，禮謹三朝之始。乾坤交泰，日月合明。中賀德著家邦，化行江漢。天啓椒房之戚，位正母儀。人思彤管之風，治成陰教。跬步合珩璜之節，動容守

---

① 愛，倉聖本同，四庫本作爰。

② 焕，原作煥，據倉聖本、四庫本改。

③ 人文，倉聖本作文人，高本已檢出。四庫本同。

師傅之規。淑慎其身，柔嘉維則。臣某等論思虎觀，獻納龍廷。歌二南之詩，切冀本支於百世。賴一人之慶，願齊聖壽於萬年。

天壽節賀表

至正元年，程益

四月維夏，有聞震夙之（風）〔祥〕①。衆星拱辰，咸仰照臨之德。歡騰海宇，喜溢廟廊。中賀守位曰仁，制心以禮。南風薰兮民慍解，治洽五弦。黄河清而聖人生②，慶延九鼎。人文宣朗於東壁，君臣相悦於内朝。成功難（右）〔名〕③，太平有象。臣等叨司芸閣，趨賀彤庭。禹範箕疇，允協休禎④於甲觀。堯年舜日，願祝聖壽於華封。

正旦賀表

至元二年，劉鶚

鳳曆頒春，新九天之雨露。雞籌報曉，朝萬國之衣冠。宗社均安，乾坤交泰。中賀聖神天

---

① 祥，原作風，據倉聖本、四庫本改。
② 生，倉聖本、四庫本作出。
③ 名，原作右，據倉聖本、四庫本改。
④ 禎，倉聖本同，四庫本作徵。

縱，睿智性成。日對經筵，俯聽近臣之講道。時臨宣閣，紬先聖之遺書。恒存天地之心，恪守祖宗之憲。允爲至正，聿底隆平。臣某等托跡清朝，承恩秘府。幸際唐虞之盛治，莫效寸功。唯懷嵩嶽之微忱，三呼萬歲。

賀皇后箋

至正二年，劉鶚

時當泰運，肇正月之始和。位重坤闈，啓萬年之齊壽。歡騰宗社，喜動宫庭。中賀徽柔懿恭，端嚴靖①肅。承天（休）〔体〕②道，母儀已著於多方。治國齊家，后德有光於前代。青陽茂對，洪福駢臻。臣等幸際明時，叨榮秘閣。捧玉箋而慶抃，序列千官。瞻金闕之崇高，雲開五色。

天壽節賀表

至正二年，商企翁

月屬乾剛，易著飛龍之德。斗昭電瑞，地孚嗚社之符。萬世宏休，八方鈞慶。中賀道包衆甫③，

① 靖，四庫本作清。
② 体，原作休，倉聖本同，四庫本作體。按元代習用簡化的体字，與休字形近致誤。
③ 甫，四庫本作有。

仁洽羣生。探唐虞致治之原，味洙泗相傳之奧。搜材策士，振文教以維新。斂福錫民，建皇極而永協。臣某等職叨秘府，班綴禁庭。就日望雲，睹（盛）〔威〕①儀而益肅。奉觴執玉，獻景算以無疆。

① 威，原作盛，據倉聖本、四庫本改。

秘書志卷第九

題名

周之外史，職掌墳典。秘書之官，始由兩漢。爰至我朝，收古今之圖籍，貯之秘府。奉藏之官，協恭寅畏，爲中朝之清選。徵其供職之氏名先後，書諸左方。

知秘書監事

張易

字仲一，忻州人。至元十三年三月以樞密副使知秘書監事①。

岳鉉

大德十一年四月初七日，以昭文館大學士、正奉大夫知秘書監事。皇慶元年二月初八日加榮禄大夫、領太史院

---

① 底本人名後内容爲雙行小字，爲閲讀方便，今改爲單行小字。原書空字處，能補出者適當訂補，無法補出者仍適當空出。

司天臺事，餘如故。

行秘書監事

扎馬剌丁

至元　年　月①以集賢大學士、中奉大夫行秘書監事。

贍思丁

大德五年九月十三日，以集賢大學士、中奉大夫行秘書監，提調回回司天臺事。大德十年三月十五日加通議大夫。延祐〔三〕②年　月加守司徒，六年七月加大司徒。③

秘書卿

至大四年二月改監爲卿，正三品，凡五員，内二員中官不食俸。延祐元年九月增一員。

---

① 據本書卷三「廨宇」條，至元二十三年三月時，扎馬剌丁爲嘉議大夫（正三品），而在卷四的「地理圖奏文」條中，至元二十四年三月時則稱「集賢大學士、中奉大夫（從二品）、行秘書監事」。故推測扎馬剌丁任行秘書監事的時間應在此期間。

② 三，據四庫本補。本書卷三「雜録」之「監官到任畫字」條可證，延祐三年九月初七日時苫思丁（贍思丁）已守司徒。

③ 據《元史》卷二六《仁宗三》記載，延祐六年十一月乙巳，以秘書卿苫思丁爲大司徒。

秦國瑞

至大四年閏七月二十日，以昭文館大學士、正奉大夫、自監爲秘書卿。

脱烈①

至大四年閏七月初八日，以昭文館大學士、榮禄大夫、自監爲秘書卿。

贍思丁

至大四年七月上，自監陞。

闍里②

至大四年七月　日上，嘉議大夫。

楊光祖③

中官，至大四年七月十九日以崇文館大學士、中奉大夫爲秘書卿。延祐五年十二月二十五日特授資德大夫，餘如故。

---

① 脱烈，《元史》又作脱列，畏吾氏，阿禮海牙之父。

② 闍里，卷一「改秘書監爲卿」條載「舍里伯赤徹里做秘書卿」，闍里、徹里或爲同一人。

③ 楊光祖，《元史》卷二四《仁宗一》：至大四年六月「丙午，以内侍楊光祖爲秘書卿，譚振宗爲武備卿，闞居仁爲尚乘卿，並授弘文館學士」。楊光祖爲内侍官，雖任秘書卿，不請俸。

忙古台①

至大四年七月自秘監改爲卿。皇慶元年十二月免署事，食卿俸。

温德榮

皇慶元年二月初九日以昭文館大學士、中奉大夫爲秘書卿。

塔不台

皇慶元年二月初九日〔以〕②嘉議大夫上。

答兒麻失里③

皇慶元年七月十四日上。

譚振宗

中官，號月江。皇慶元年十二月十四日④以昭文館大學士、中奉大夫上。延祐五年十一月二十五日加資德大夫，餘如故。⑤

---

① 忙古台，又作忙古歹，見卷二《禄秩》「忙古歹養老俸」。

② 以，原無此字，據文義補。

③ 答兒麻失里，應即卷一「改秘監爲卿」條所見「通議大夫、隨路諸色民匠都總管府達魯花赤答兒馬（夫）〔失〕里」。

④ 卷一「設官」之「改秘監爲卿」條記爲十一月十四日禮任。

⑤ 譚振宗與上文所見楊光祖同時授秘書卿（見前注），《元史》漏載譚任秘書卿事，參見上文「楊光祖」條注。

韓公麟①

皇慶二年②正月十三日自僉太醫院事，以（奉議）〔嘉議〕③大夫上。

囊加台

延祐元年七月初六日上。

盛從善

延祐元年七月二十六日以中議大夫上。延祐三年七月十八日特授昭文館大學士、中奉大夫。延祐四年正月十三日加資善大夫、太史院使，餘如故。

劉④

延祐元年九月初七日以昭文館大學士、正奉大夫上。

---

① 韓公麟，字國瑞，精醫術，世祖時與羅天益等增修《本草》，官至昭文館大學士、資善大夫、太醫院使。見蘇天爵《資善大夫太醫院使韓公行狀》。

② 皇慶二年，《行狀》作「皇慶初元除秘書卿」。

③ 據《行狀》，成宗繼位之初，「公（韓公麟）易階爲承直郎，遷太醫院副使，尋加奉議大夫，又遷中順大夫。」「大德辛丑（一三〇一），陞太醫院爲二品，進嘉議大夫、僉書太醫院事。」奉議當爲嘉議之誤。

④ 此劉某闕名，《元史》卷二〇三《劉元傳》：「有劉元者，嘗從阿尼哥學西天梵相，亦稱絶藝。元字秉元，薊之寶坻人……元官爲昭文館大學士、正奉大夫、秘書卿，以壽終。」《輟耕録》卷二四「精塑佛像」條亦載：劉元，字秉元，薊之寶坻人，官至昭文館大學士、正奉大夫、秘書監卿。與此人頗合，而後文又見「劉元，延祐七年十月日以嘉議大夫上」，疑有誤。

式剌①

延祐元年九月初七日以昭文館大學士、資善大夫上。

范完者

延祐五年正月二十九日以正議大夫上。

劉元②

延祐七年十月　日以嘉議大夫上。

廉惇

字公邁，高昌人。至治元年二月初二日以亞中大夫上。

孟遵

字子周，東平人。至治二年閏五月初二日上。

商琦

字德符，曹南人。至治三年十一月初二日以通奉大夫、自集賢侍讀學士上。

---

① 式剌，此人應即卷一「減員」條中的速古兒赤失剌。

② 參見前注。

吴秉道

字彦洪，大都人。泰定二年八月初六日以嘉〔靖〕〔議〕①大夫、自参議中書省事上。

趙天祥

泰定二年二月二十五日以中〔奉〕②大夫上。

杜元忠

泰定三年二月十二日以正議大夫上。

李銓

字平叔。泰定三年五月二十日③以中奉大夫、自翰林侍〔讀〕〔講〕④學士上。

穆薛飛

泰定四年四月初一日以通議大夫上。

---

① 嘉議，原作嘉靖。元代無嘉靖大夫，據四庫本改。

② 奉，據四庫本補。

③ 二十日，倉聖本、四庫本作二十七日。

④ 講，原作讀，據倉聖本、四庫本改。又《元史》卷二六《仁宗三》「延祐五年秋七月」條載：「壬申，御史中丞趙簡言：『皇太子春秋鼎盛，宜選耆儒敷陳道義，今李銓侍東宮説書，未諳經史，請别求碩學，分進講讀，實宗社無疆之福。』制曰：可。」

梁完者禿

致和元年六月十一日上。

老張

天曆元年十一月十八日上。

古納剌

天曆二年十二月初四日以太中大夫上。

李偘

天曆元年十月十八日以亞中大夫上。

阿魯輝

至順二年七月十八日以太中大夫，由度支卿上。元統元年十一月除禮部尚書。

塔出

至順三年四月十九日以中憲大夫上。

王士弘

小字僧家奴，平章政事王泰亨之猶子。至順三年五月二十一日以正議大夫上。三月除湖廣行省參知政事。

鐵木耳達識

元統元年十一月二十一日以〔中議〕①大夫、由工部侍郎上。二年四月除禮部尚書。康里人。

哈只某

元統元年十一月二十五日上。

李師魯

元統元年十二月二十六日上。

布八

大司徒贍思丁之子。元統二年四月代其父。

賓哥

元統三年十月以中奉大夫上。

不老

雲南平章政事乞住子。元統三年十月上。

愛牙圖

元統三年正月十一日以　大夫，由樞密同僉上。

① 中議，據四庫本補。

呂元臣

小字忙哥不花。至元三年二月四日以資善大夫，由將作院使上。至正元年四月遷廣西道廉訪使。

木八剌吉

回回人。至元六年四月二十八日自同都護，以嘉議大夫上。

完者圖

回回人。〔前〕①平章伯帖木兒子。至元六年四月由翰林直學士、以亞中大夫上。

也里不花

人。至正元年四月以太中大夫，由同知淮東宣慰司事上。

徹徹不花

人。至正元年六月以太中大夫，自歸德府達魯花赤上。二年四月遷行宣政院副使。

阿魯

至正元年四月以〔資善〕②大夫，自度支卿上。

---

① 前，據四庫本補。完者圖之父或指曲樞之子伯帖木兒，至大二年，遷中奉大夫、陝西等處行尚書省參知政事。皇慶元年，加榮禄大夫。子二人：桓澤都，蠻子。桓澤都應爲完者圖之別譯。

② 資善，據四庫本補。

買買

字子昭，伯要氏。至正十七年二月二十九日上，由中政院同知遷。

劉融

字伯熙。至正十七年十一月初一日上。

段定僧

漢兒人氏，字至明。由監察御使遷。

陳愛穆哥

字穆卿。至正十七年八月上，以〔中奉〕①大夫、監察御史遷。

孔希學

字士行。至正十八年四月上，宣聖五十六代孫。中奉大夫，前襲封衍聖公。

咬閭

字正己。至正十九年七月二十一日上。前資政僉院。北庭〔人〕②。

---

① 中奉，據四庫本補。

② 人，據前後文補。

大都

字子貞，高昌人氏。至正二十年閏五月二十九日以中奉大夫，自户部尚書上。

曩嘉歹

至正二十二年正月二十日上，由太監陞秘卿。

定童

字子正。至正二十二年八月初二日上。

曲出帖木兒

畏兀氏。由大司農司丞遷。

哈剌章

畏兀氏。

高元侃

字公義，女貞氏。至正二十三年八月三十日由吏部侍郎遷。

太不花

字仲德，瓮吉剌歹〔氏〕①。至正二十四年六月二十四日由資政僉院上。②

五魯思不花

字仲斌。至正二十四年八月二十六日以資善大夫、宣徽同知上。

燕赤不花

字弘毅。至正二十三年十一月由崇福司同知遷。

劉傑

字良甫，中憲大夫。由延安路總管遷，至正二十五年八月十一日上。

奇三寶奴

字國善。至正二十五年十二月初二日上，由典寶太監遷。三韓人。

秘書監

至元十年二月初七日設監二人，從三品。至元十八年添一人。大德五年添一人。大德九年陞正三品。至大四年二月改爲卿。

① 氏，據四庫本補。

② 由資政僉院上，倉聖本、四庫本作以資善大夫宣徽同知上。疑將後文誤抄於此。

焦友直

至元十年七月二十六日上。至元十四年七月初二日以通奉大夫優任。

扎馬剌丁

至元十年閏六月初二日上。

宋衜

字弘道。至元十八年三月初三日上。

董文用

藁城人。至元二十二年二月初一日上。

侯爵

至元二十二年十二月二十日以集賢學士、正議大夫上。

海薛①

至元二十四年六月十四日上。

---

① 即愛薛。

劉容①

至元二十四年二月二十一日上。

岳鉉

至元二十五年九月十七日上，提調行司天臺事。至元三十一年授昭文館大學士、中奉大夫。大德九年十一月初一日加通奉大夫。

可馬剌丁

至元二十七年十月二十五日以朝請②大夫上，兼司天監撒答剌欺等局人匠提舉。元貞二年八月初二日加太中大夫。

靳德進③

至元二十八年十二月初九日以奉議大夫上。

---

① 劉容，字仲寬，其先西寧青海人，後爲雲京人。少喜書，善騎射。歷任秘書監、廣平路總管等。見《元史》卷一三四。

② 請，倉聖本同，四庫本作議。

③ 靳德進，其先潞州人，後徙大名，尤精於星曆之學。世祖時累遷秘書監，掌司天事。從徵乃顔。成宗時授昭文館大學士、知太史院、領司天臺事，武宗時授資德大夫、中書右丞，議通政院事。仁宗即位，命領太史院事。以疾卒於位。詳見《元史》卷二〇三《靳德進傳》。

呂天祺①

至元三十一年六月二十一日以奉訓大夫上。

贍思丁

大德元年八月十二日以太中大夫上。

塔(木)〔朮〕②丁

永昌人。大德二年八月二十九日以中順大夫上，提調司天臺事，不署事。

賈翔

大德五年八月十七日以奉訓大夫上。

師箸

大德八年六月十八日以中順大夫上。大德十年三月十五日加嘉議大夫。

---

① 呂天祺，三本均同。疑應作呂天禖。揭傒斯《故榮禄大夫陝西等處行中書省平章政事呂公墓志銘》載：公諱天禖，字吉卿，世家遼東之咸平，今爲燕人。至元廿有九年，公從(父)忠惠公入見，遂以奉訓大夫同知異樣總管府事。成宗時自秘書監爲將作使八年，進集賢侍讀學士，遷大都留守兼少府。至大末，擢河東山西道肅政廉訪使。後四年，用爲壽福院使。仁宗四年，特拜集賢大學士，與聞國政，自奉訓大夫至是六遷爲榮禄大夫。文宗即位，詔起公爲陝西等處行中書省平章政事。至元三年春三月三日，公疾，薨，年七十。

② 朮，原作木，據倉聖本改，高本已檢出。四庫本改做塔斯岱。

于仁良

大德元年八月二十七日以少中大夫上。大德十年三月十五日加通議大夫。

諳都剌

大德十一年正月初七日以正議大夫上。

秦國瑞

大德十一年四月初七日以少中大夫上。

也奴①

大德十一年四月初七日以嘉議大夫上。

李敬祖

大德十一年五月初五日以少中大夫上。

史德歸

字處厚，中官。大德十一年七月十六日以正議大夫上，不食俸。

① 也奴，又作野訥，即阿禮海牙之兄。參見卷一「兼領·岳學士依舊提調秘書監」條。

忙古台①

大德十一年六月二十五日以奉議大夫上，提調回回司天臺事，不署事。至大二年七月初一日加中順大夫。至大四年十月十五日改爲卿。哈里魯人。

高塔失不花

至大元年四月二十七日以中議大夫上。

脱烈

也奴父。至大三年正月初十日以昭文館大學士、資德大夫上。

苫思丁

至大三年九月二十五日以集賢大學士、中奉大夫上，提調回回司天臺事。至大四年改爲卿。

秘書太監

延祐元年九月設秘書太監二員，從三品。

① 忙古台，又作忙古歹。

鄭乞答台

延祐(二)〔元〕①年九月初七日以太中大夫上。

劉吉

延祐元年九月初十日以太中大夫上。

阿里的迷失②

延祐二年四月二十七日上。

馮慶③

延祐三年九月初二日上。

烏馬兒

延祐六年正月十八日以亞中大夫上。

廉朵兒只八

延祐六年十二月十七日上。

---

① 元，原作二，據倉聖本、四庫本及本書卷二「減員」條改。
② 卷三「監官到任畫字」條作阿的迷失。
③ 馮慶，當即馮僧兒。參見卷第二「減員」條及後文「秘書少監」。

式剌

延祐七年四月十二日上。

咬住

延祐七年四月二十一日以朝列大夫上。

桑兀孫

至治二年十二月二十五日自太常禮儀院同僉上。

梁完者禿

至治三年六月初三日上。

沙的

泰定二年四月以嘉議大夫、自羣牧監卿上。

𡄍𡄍

字子山，康里人，東平王卜忽木之子。泰定二年八月初一日以中議大夫、自河東廉訪副使上。

躍里鐵木兒

泰定三年三月二十日以嘉議大夫上。天曆元年十二月除遼陽行省左丞。

五十六

朝散大夫、僉將作院事，至正二十五年九月上。字正卿，唐兀人氏，年七十歲。

忽思剌

泰定四年十一月以太中大夫，由宗正〔宗〕府①扎魯花赤上。

李師魯

天曆二年十二月以朝列大夫上。

阿合馬

至順元年五月以亞中大夫、自江西②廉訪副使上。

王珪

小字〔賈〕〔買〕③奴。至順二年七月以通議大夫，自大都路治中上。

密邇謨穌麽

元統元年十二月以嘉議大夫，自回回司天監上。

靳魯

字　。元統二年三月以奉政大夫〔上〕。

① 後一宗字疑衍。

② 西，倉聖本、四庫本作南。

③ 買，原作賈，據倉聖本、四庫本改。買奴，人名常見。

塔海
人。至元二年五月以奉議大夫，自司農丞上。

劉融
字伯熙。至元三年二月以中憲大夫，自諸司局總管上。

五十
至元三年六月初七日以中議大夫上。

宰訥丁
人。至元六年四月以嘉議大夫，自樞密院斷事官上。

伯篤魯丁
字至道。〔至元中〕①科第　甲進士。至正元年四月三十日以正議大夫、自禮部侍郎上。

觀奴
字尚賓。　至正十八年五月上。　前監察御史，官朝請大夫。

拜住
至正十九年四月二十九日上。　前兵部郎中遷。

---

① 至元中，據四庫本補。

囊加歹

至正二十年閏五月二十九日上。怯列人，字彦祥。由刑部郎遷。

卜顔帖木兒

由工部郎中遷。

秘書少監

至元十年二月〔初〕①七日，設少監二人，正五品。至元十八②年二月添一人，九月添一人。至元二十年十一月添一人。至元二十三年添一人。大德九年陞正四品。延祐元年九月減作二人。

趙秉温

至元十年十月以中順大夫上。至元十三年五月加少中大夫。十一月兼管侍儀公事。

史杠

至元十年十月上。至元十三年十一月兼管侍儀公事。

---

① 初，據倉聖本、四庫本補。

② 八，四庫本作五，誤。

宋仁祖

至元十六年三月初二日以奉議大夫上。

程文海

字鉅夫，建昌人。至元十八年四月初一日以中順大夫上。至元十八年九月初二日授集賢直學士、中議大夫兼秘書少監。

曹晉①

至元十八年九月初二日以朝列大夫上。

竇履

至元二十一年三月初二日上。

彭齡

至元十九年四月初二日以奉議大夫上。

千奴

至元二十年十月初十日上。

① 晉，倉聖本、四庫本誤作留。

劉復

至元二十一①年二月初一日上。

蘇政

至元二十二年五月十二日以朝列大夫上。至元二十八年八②月十二③日復任。

焦達

至元二十三年六月初一日以奉訓大夫上。

孫公祐

至元二十三年七月二十七日上。

宋光祖

至元二十三年七月以承務郎上。

陳鼎

至元二十五年八月初二日上。

---

① 一，倉聖本、四庫本作二，高本已檢出。
② 八，倉聖本、四庫本作二。
③ 十二，倉聖本、四庫本作二十八。

史德歸

至元二十六年五月初四日以嘉議大夫上。元貞元年十一月二十八日章佩太監、泉府司卿，兼職如故。

虞應龍

至元二十七年正月初二日以奉直大夫上。

贍思丁

至元二十七年三月十四日以奉訓大夫上。元貞元年正月二十日加朝列大夫。大德元年陞秘監。

靳德進

至元二十七年七月十五日上。

史煇

至元二十八年十二月初九日以奉訓大夫上。

鄭自興

至元二十八年十二月二十七日以奉訓大夫上。

楊桓

至元三十一年十二月十九日以儒林郎上。

傳巖卿

至元三十一年八月二十四日以承德郎上。大德三年九月二十五日加奉直大夫。

闊闊台

元貞元年二月二十六日以承直郎上。

忙古台

大德元年八月二十七日以承務郎上。大德二年提調回回司天臺事，大德四年加承直郎，大德九年加奉議大夫。

秦國端

大德二年七月初八日以承務郎上。大德五年加承直郎，大德十年三月十五日加奉議大夫。

節吉

大德二年七月十四日以奉訓大夫上。

賈翔

元貞元年四月初二日以承直郎上。大德二年九月十八日加奉訓大夫。

史也先不花

大德四年二月初九日上。

申敬

南陽人。大德五年六月二十六日以中順大夫上。大德九年八月初一日加中議大夫。

伯牙烏台

大德六年九月初二日上。

腆哈①

海薛子。大德六年十二月十一日上。

張應珍

大德八年六月十八日上。大德九年十月二十二日更姓名吴鄹。

答兒麻吉的

大德八年八月初二日以奉政大夫上。

馬合馬

大德八年七月初二日以奉議大夫上。大德十年三月十五日加奉政大夫。

劉廙

大德十年十二月二十一日以朝列大夫上。

田時佐

大德十一年四月初七日以承直郎上。

節歇兒的

大德十一年九月初二日上。木速蠻氏。

---

① 腆哈，又作腆合，愛薛之子，野理牙（也里牙）之弟。官至翰林學士承旨，曾與奎章閣學士巙巙等删修《大元通制》。

苫思丁

大德十一年四月初七日上。回回人氏。

失列門

大德十一年六月二十五日上。也里可温人。

王賓①

〔字子立〕②。至大元年九月初七日〔以〕承直郎上。

李迪

字光道。至大二年八月二十五日以中憲大夫上。

劉事義

至大三年正月十九日以奉政大夫上。

盛從善

至大三年七月十九日上。

---

① 王賓，王恂之幼子。參見《滋溪文稿》卷一〇《秘書少監王公墓志銘》；《元史》卷一六四《王恂傳》。

② 據《秘書少監王公墓志銘》補。

王師心

至大三年八月二十二日以朝列大夫上。

朵兒只班

至大三年十一月十五日上。

李信

字可復。懷州人。至大四年閏七月二十日上。

任道明

至大四年閏七月二十日上。

李薛闍干

至大四年九月初一日上。

解節亨

皇慶元年七月二十二日上。

劉吉

皇慶二年正月十三日以朝列大夫上。

阿魯禿

皇慶二年九月二十八日以中憲大夫上。

王好謙

延祐元年二月初十日以中議大夫上。

馮慶①

人，延祐元年九月初七日以中順大夫上。

鄭乞答台

延祐元年五月初二日上。

蕭端

延祐三年九月初二日以中〔順〕②大夫上。

劉惠

延祐四年閏八月初二日以中順大夫上。

張景元③

延祐元年十月二十五日以奉議大夫上。

① 馮慶，或即馮僧兒，見卷二「減員」條。
② 順，據四庫本補。
③ 張景元，卷一作張景源。

脱脱木兒

延祐六年閏八月初五日上。承旨塔海子。

張安石

延祐七年四月十二日以承直郎上。

梁完者秃

延祐七年七月二十八日以中順大夫上。

阿兒斯蘭不花

至治元年二月初三日以奉訓大夫上。

劉晏

字仲安，由内卿史以亞中大夫上。

王在德

至治二年十二月十五日以朝散大夫，自利用監丞上。

阿魯

至治三年二月初一日以太中大夫，自侍儀司引進上。

李師魯

泰定二年三月初三日以承務郎上。致和元年六月初九日加奉訓大夫。

虞集

字伯生，撫州崇仁人。泰定二年七月初九日以奉訓大夫、自國子司業上。後　兼經筵官。

吴律

字伯宜，濮州人，吴曼慶子。致和元年四月初二日以〔奉訓大夫〕①自翰〔林〕待制上。

阿塔温剌

致和元年六月十三日上。

耨奢

天曆二年正月初六日以奉議大夫上。

湯珏

天曆二年十二月初一日以中順大夫上。

卜蘭奚

至順三年四月十八日以中憲大夫上。

教化的

至順二年十月初二日以承直郎，由監丞陞。康里人。

---

① 奉訓大夫，據四庫本補。

阿剌納速哥①

至順二年五月二十六日由典寶令除。

李肯構

字世昌。元統二年二月初二日由國〔史〕②院經歷，以朝散大夫上。

火你赤

元統二年十月二十二日上。

王蕃

字世昌，同僉太史院使，以太中大夫上。

温瑛

字仲玉，大同人。至元三年二月十三日以中順大夫，自濠州知州上。至元六年四月除（聞）〔開〕州尹③。

阿魯

至元五年三月十九日以奉直大夫，自河南（尹）〔僉〕④憲上。至元六年四月除參議中書省事。

---

① 阿剌納速哥，倉聖本作阿剌達納速哥，高本已檢出。

② 史，據四庫本補。

③ 開，原作聞，據倉聖本、四庫本改。尹，四庫本作萬户。

④ 僉，原作尹，據倉聖本、四庫本改。

忽都答兒

至元六年二月二十四日以中憲大夫、自東臺萬户上。

王居義

字仁卿。至元六年五月初二日以中憲大夫，自樞密院都事上。至正二年四月除樞密院斷事官。

王謙

字一初。至正二年四月十八日以朝列大夫、自掌醫太監上。

寶安①

〔字〕②惟善。至正十九年三月二十九日，前太府監丞。

楊恭

〔字〕③惟肅。至正十九年十二月二十日。

珊旦班

至正二十年閏五月二十九日。

---

① 寶安，倉聖本、四庫本作安寶。
② 字，據四庫本補。
③ 字，據四庫本補。

許寅

〔字〕①可賓。至正二十一年三月二十六日，前詳定使司副使。

程徐

〔字〕②仲能。至正二十一年三月二十八日，前臺都事，以朝訓大夫上。

韓欽

字敬伯。至正二十四年五月〔十一〕③日以監察御史上。

秋兒

韓如秀

字起巖。

朵列帖木兒

張庸

〔字〕存中，〔温州人〕④。至正二十六年四月初二日以江西省郎中上。

---

① 字，據四庫本補。

② 字，據四庫本補。

③ 十一，據四庫本補。

④ 字、温州人，四字據《元史》卷一九六《朴賽因不花傳》附《張庸傳》補。

完者帖木兒

賈瑞

〔字〕①仲章，汴梁人。至正二十八年六月二十五日以監察御史上。

曲出帖木兒

字有誠。至正二十七年十二月由大都路東安州達魯花赤遷。

秘書監丞

至元十六年三月設一人，正六品。至元二十五年添二人。大德九年陞（正）〔從〕②六品。

耶律有尚③

至元十六年九月初五日以承務郎上。

---

① 字，據四庫本補。

② 從，原作正，倉聖本、四庫本作從。按《元史》卷九〇《百官志六·秘書監》，大德九年當陞爲從五品（原爲正六品）。高本已校。

③ 耶律有尚，字伯强，遼東丹王十世孫，受業於許衡。歷任監察御史、秘書監丞、詹事院長史、昭文館大學士兼國子祭酒等。參見《元史·耶律有尚傳》。

張道源

字仲澄。至元二十三年七月二十七日上。

楊桓

字武子。至元二十五年六月十三日以從仕郎上。

張康

至元二十五年八月以奉直大夫上，不署事，治天文事。

贍思丁

至元二十六年八月二十七日上。

王寧

至元二十九年九月初二日以承直郎上。

謝堵林台

至元二十八年六月初二①日以承直郎上。

張應珍

至元三十年十二月十二日以從仕郎上。

---

① 二，倉聖本、四庫本同作三。

申敬

至元三十一年八月二十四日以朝列大夫上。

徐庭堅

元貞元年二月二十九日以承事郎上。

劉秉德①

大德元年十二月十二日以承直郎上。

張

大德二年九月十八日以承務郎上。

黄惟中

大德三年六月二十日以從仕郎上。大德十年三月十五日加承德郎。

盛從善

大德四年七月二十七日以承事郎上。大德十年三月十五日復任。

王利亨

大德八年四月初一日以奉訓大夫上。大德十年三月十五日加奉議大夫。

---

① 劉秉德，劉正之子。官秘書監丞，歷兵、工二部侍郎，出爲安慶路總管。參見《元史·劉正傳》。

忻都

大德十一年六月二十日以承務郎上。至大元年七月十四日復任。字仲和。（没）〔後〕①拜禮部尚書、大都留守。

解節亨

至大三年八月二十日上。

張謙

至大三年正月十九日以承德郎上。

李信

至大三年八月二十二日②上。

賈汝立

至大四年閏七月二十日上。

忽里哈赤

至大四年閏七月二十日上。

---

① 後，原誤爲没，據四庫本及文意改。

② 二十二日，倉聖本作二十日，高本已檢出。四庫本亦作二十日。

陳景元

字公亮。至大四年九月初一日上。

楊也孫台

至大四年九月初一日上。

鄭乞答台

皇慶元年八月二十八日以朝散大夫上。

趙天祥

延祐元年五月初二日以奉訓大夫上。延祐三年六月十八日加朝請大夫。

王義

字宜之。皇慶二年五月初二①日以奉訓大夫上。延祐五年三月初二日加朝列大夫。

張九疇

延祐元年二月十七日以少中大夫上。

張安石

延祐五年二月初二日以承務郎上。

① 二，四庫本同，倉聖本作一。

寶哥

延祐七年四月十二日以正議大夫上。

𡄣𡄣

延祐七年七月十四日以奉訓大夫上。

馬駒

至治二年三月十八日以奉政大夫上。

李師魯

至治二年閏五月十八日以從仕郎上。

答里麻失里

至治三年五月二十六①日上。

伯忽②

平章政事趙世延之子。泰定元年十一月二十八日以朝列大夫上。

---

① 二十六，倉聖本、四庫本作十六。

② 據《元史》卷一八〇《趙世延傳》載：「伯忽，夔州路總管，天曆初，囊加台據蜀叛，死於難，特贈推忠秉義效節功臣、資善大夫、中書右丞、上護軍，追封蜀郡公，謚忠愍。」

李元凱

字舜舉，彰德人。泰定二年十二月初二日以奉議大夫，自尚工署令上。致和元年四月除兵部員外郎。

拜住

泰定四年三月初二日以奉議大夫上。

暗都剌

致和元年四月二十八日以朝請大夫，由僉燕南廉訪司事上。

廉惠山凱牙①

致和元年六月初九日上。字公亮。

月魯②

監丞伯忽弟。天曆三年正月初二日以承直郎上，自湖廣行省理問除。

法忽魯丁

天曆二年正月初九日上。

① 廉惠山凱牙，《元史》作廉惠山海牙，布魯海牙之孫，希憲之從子也。父阿魯渾海牙，廣德路達魯花赤。卷一四五有傳。

② 《元史》載月魯曾爲江浙行省理問官。見前引《元史·趙世延傳》。

能伯林

天曆二年正月初九日以奉訓大夫上。

教化的

至順二年三月十五日以儒林郎、由直省舍人上。

完者

至順二年五月二十六日以奉議大夫、由直省舍人上。

哈兒沙

至順三年三月十二日以承務郎上。

乞答撒里

元統元年十月十六日以奉議大夫、由綺源庫提舉上。

察八兒忽都

人，元統二年八月以　上。①

曲吕不花

至元二年三月以奉政大夫上。

---

① 四庫本於上字前空白處作「少議大夫」。

莊嘉

字子敬。至元三年七月以奉直大夫、由監察御史上。至元六年三月除禮部郎中。

桑哥

至元四年九月以奉訓大夫、自延福提舉上。

鐵木烈思

字周①賢，康里人。中書平章政事回回之子。至元六年四月，用其祖中書平章政事、追封東平王卜忽木蔭，以奉訓大夫上。

王道

字道一，蠡州人。　大夫　子，起家直省舍人，至正元年二月初六日由大宗正府左右司員外郎、以奉議大夫上。至正二年五月轉中書兵部員外郎。

吳誠

字明善。至正二年六月以　大夫②、自利器庫提點上。

---

① 周，倉聖本、四庫本作固。

② 四庫本大夫前有少議二字，疑後人所加。

陶埜仙

字雲卿，號雲山，浮光人，淵明二十四代孫。奉政大夫，至正十六年三月上。

王貞

字善政。至正十　年　月上。特授。

康家閭

王射

字有志。至正十七年八月上。朝請大夫，前侍儀司①法物庫大使。

張士孚

字文信。至正十八年十一月十三日上。益都人，奉直大夫，前沂州尹。

素哥實理②

字仲凱。至正二十四年十一月上。唐兀氏。

---

① 侍儀司，原倒誤爲儀侍司，據文義及倉聖本、四庫本改。

② 素哥實理，倉聖本作桑哥實理。

張榮

張主善

字師德。至正二十五年九月二十六日上。

吴珏

字元珍，至正二十六年二月二十六日上，由秘書郎陞。福建興化路人。

經歷

至元十六年七月設一人。至元二十四年正月廢。

申傑

至元十六年七月十五日由本監令史陞用。月俸壹定。

馬諒

至元二十年四月二十六日上。

郝景

至元二十二年十月初二日上。

提控案牘

至元十七年十一月設一人。

劉伯時
至元十七年十一月十八日上。月俸三十二兩。
陳祓
至元十九年五月十三日上。
步禎
至元二十二年五月二十六日上。
張世澤
至元二十四年八月二十四日上。
劉瑄
至元二十七年三月二十四日上。
趙天瑞
至元二十九年八月二十日上。
楊灝
元貞元年二月二十四日上。
郭仲亨
大德三年四月初一日上。

知事

大德五年五月改提控案牘爲知事，從八品。月俸四十五兩。

王士熻

字繼元，東平人。大德六年正月初二日上。

張克明

輝州人。大德八年六月十五日上。

典簿

大德九年七月改知事爲典簿，從七品。

張克明

大德十年三月十五日自知事以承務郎改授。

張淑

至大元年八月二十四日上。

劉復初

至大四年三月初九日上。

理熙

至大四年九月二十六日上。阿魯温氏。

王振鵬①

延祐元年三月二十五日上。

鄭立

延祐二年七月初十日上。

郝晏

延祐四年六月初二日上。

賈儀

延祐七年十月初一日上。德平人。至治二年十一月除監察御史。

韓鏞

字伯高,濟南人。泰定元年十一月二十八日上。

---

① 王振鵬,永嘉人,擅長書畫,曾畫《大明宫圖》以獻。累官數遷,佩金符、拜千户,總海運於常熟、江陰間。見虞集《故贈瑞安知州王公墓誌銘》,《元文類》卷五四。

王正己

永平昌黎人。

馮禋

字明卿。泰定三年十月初二日上。

游文和

保定新城人。天曆二年四月初七日以從仕郎上。

王光國

字國賓，(準)〔集〕①慶人。天曆三年正月初三日上。

班惟志

字彦功，汴梁人。至順三年六月十二日上。

韓璵

字廷玉，大都人。賜進士出身。元統二年十二月初八日上。

許思誠

至元三年三月二十九日上。

---

① 集，原作準，據倉聖本、四庫本改。

斡勒海壽

字允常，沔池人。至元五年十二①月初二日上。

李藻

字子潔，潁州人，國子生。由館陶縣尹、以文林〔郎〕②至正二年六月上。

脱脱木兒

字時敏。至正四年十二月上。

趙謙

字叔亨。至正八年正月③以從仕〔郎〕④上。

劉沂

字彦濳，河間人，丁卯進士。由國子助教、以奉議〔大夫〕⑤至正十一年十月初二日上。

---

① 二，倉聖本作一，高本已檢出。四庫本亦作一。

② 郎，原脱。按文林郎，文散官名，正七品。參見《元史》卷九一《百官志七》。

③ 正月，倉聖本、四庫本作八月。

④ 郎，原無，倉聖本同。據四庫本補。按從仕郎，文散官名。

⑤ 大夫，據四庫本補。

白思問

字仲裕，太原人。前河南省掾，以徵仕〔郎〕①遷，至正十四年十月初二日上。

王敬義

字可道。以登仕〔郎〕②至正十五年正月二十七日上。

王處道

字子弘。至正十六年七月上。

劉惟肅

字庭威。至正十八年以從仕〔郎〕③上。

殷僥

字士昂。至正二十年三月上。

---

① 郎，原脱。
② 郎，原脱。
③ 郎，據四庫本補。

帖哥

彭仁本

字孝先。

買住

字翰臣，西域人。由進士、通事舍人，以文林郎至正二十二年十月上。

王維方

字周矩。中書省掾，至正二十三①年十月上。

蒙大舉

字子高，大都人。由庚子科國子公試生、中政院職官掾史，以從仕〔郎〕②遷，至正二十五年九月上。

王敬禮

字可誠，洛陽人。由國子生秘書郎，以承直〔郎〕③遷，至正二十六年三月上。

---

① 三，倉聖本、四庫本作二。

② 郎，原脱。

③ 郎，原脱。按承直郎，文散官名，正六品。見《元史》卷九一《百官志七》。

管勾

至元十六年十二月設一人，月俸一十五兩。

董濟

至元十七年正月參。

趙九疇

至元二十七年八月初一日參。

周之翰

至元三十一年四月二十六日參。

李九思

大德二年七月〔十一〕①日上。

孫思榮

大德六年六月二十二日上。

① 十一，據四庫本補。

李恕

至大三年十一月二十一日上。

劉宗良

皇慶二年四月二十日以將仕郎上。

張世英

延祐二年九月初六日以承事郎上。

張茂

延祐五年七月二十五日上。大名人。

周禧

單父人。至治元年三月初一日上。

金鉉

衛輝人。至治三年十月二十七日上。

吴貫

泰定四年六月初一日上。真定無極人。

陳錫

泰定元年十二月初四日上。

黃謙

天曆二年十二月初二日上。

嚴毅

至順二年三月二十六日上。字順①卿。自侍儀舍人除。

贍思丁

至順四年八月二十一日上。字明初。

鄧立忠

字仲義，黃陂人。至元二年二月初六日以　上。

馬合麻

至元四年八月初二日自回回國子助教上。

張繼祖

字紹先，永平人。至正元年正月初七日用祖兵部尚書張衎②蔭，以從仕郎上。

---

① 順，倉聖本、四庫本作仁。高本已檢出。

② 衎，倉聖本、四庫本作道。

尚經

字彦昭，東平人。至正十六年四月上。

趙行簡

字居敬。至正十〔一〕年〔七〕①月　日上。

菩薩奴

蒙古人。蔭授初任。

法都忽剌

字彦明。由中政宣使遷。

高完者圖

女直人。至元後二年正月二十七日自太師府長史，以文林郎上。

姚堉

字載夫，大都人，雪齋先生魯國文憲公樞之孫。至元後四年閏八月〔初〕②十日自資成庫提點，以奉議大夫上。

---

① 一、七，二字據四庫本補。

② 初，據倉聖本、四庫本補。

祁君璧

字伯温，蘭陵人。至元後六年四月三十日自國子助教。以朝列大夫上。至正元年〔七〕①月拜監察御史。

姚堉

字貢夫，大都人，牧庵先生魯國文公燧之子。至正元年二月十八日自同知息州事，以承務郎上。

王士點

字繼志，東平人，瓠山先生魯國文肅公構之子。至正二年四月二十九日自翰林修撰，以承務郎上。

---

① 七，據四庫本補。

秘書志卷第十

題名

著作郎

至元十五年二月設一員。至元十九年六月設一員。從六品。

劉天藻

至元十五年二月上。

完顏君翼

至元十九年正月初二日上。官將仕。

李穉賓①

字祚卿，衛輝人。至元十九年正月初二日上。

姚景元

至元二十年八月初二日上。

袁璧

至元二十年五月二十八日上。

傅巖卿

至元二十五年四月十九日以從仕郎上。至元二十九年以承事郎上。

徐汝嘉

字　。至元二十七年五月十六日以承務郎上。翰林集賢學士徐子。

劉廙

字　。至元二十九年正月二十五日以承直郎上。

倪堅

元貞元年四月初二日以著作佐郎承務郎上。

①《元史》作李稚賓。見《王磐傳》。

秦允文

元貞元年三月以承直郎代劉廙。

馬澤

元貞元年七月十三日自户部司計以承直郎上。

趙炸

字際可①，蜀人。大德二年七月十四日以從仕郎上。大德六年十一月陞承事郎。大德九年十二月初四日授承務郎，職事如故。

王公孺

字　。大德二年七月十四日以從仕郎上。

郭道恭

字　。大德四年十二月初四日上。

温澤

〔字〕　。雲内州人。大德七年五月初十日上。

---

① 際可，後文「著作佐郎」中作濟可。

劉士冕

字　。大德十年二月二十六日以承事郎上。

解節亨

至大元年六月十三日以奉政大夫上。

高植

字元德，懷孟人。至大三年八月十九日上。

耶律楷

字正己，東平人，至大四年八月二十二日上。

耿允

小字伯答兒，至大四年三月初二日上。

蔣汝礪

至元四年九月初一日上。

高樞

皇慶二年八月初二日以承務郎上。

蕭處默

延祐元年三月二十八日以承直郎上。

文矩

字子方，袁州人。延祐三年八月十三日以從仕郎上。延祐五年四月十六日復。以〔承務郎〕①上。

忽都達兒

賜進士及第，延祐五年十月初二日以　上。

李師魯

號省巖。延祐六年正月十八日上。

靳泰

靳德進子。至治元年六月二十日上。

元晦

至治元年七月初九日上。

哈八石②

字文苑，于闐人。至治二年三月十日上。

---

① 承務郎，據四庫本補。

② 哈八石，取父字姓丁，字文苑，于闐人。事跡見許有壬《丁文苑哀辭》，《元文類》卷四八。

李洞①

字溉之，濟南人。泰定元年三月二十八日上。

達普華②

字兼善，蒙古人。辛酉狀元，泰定元年五月〔初〕③一日以承務郎上。

阿里

泰定元年十月二日上。

王德脩

泰定三年五月二十五日上。

三寶

御史中丞拔辰之子，散竹台氏。泰定四年二月二十六日上。

---

① 李洞，字溉之，滕州人。生有異質，始從學，即穎悟强記。歷秘書監著作郎、太常禮儀院經歷。泰定初，除翰林待制，天曆初，復以待制召。文宗時，超迁翰林直學士，俄特授奎章閣承制學士。洞既爲帝所知遇，乃著書曰《輔治篇》以進。參與撰修《經世大典》。尤善書，自篆、隸、草、真皆精詣，爲世所珍愛。卒年五十九。有文集四十卷。詳見《元史》卷一八三本傳。

② 達普華，即《元史》卷一四三《列傳十三》之泰不華。「泰不華……伯牙吾台氏，初名達普化，文宗賜以今名，世居白野山。」

③ 初，據四庫本補。

程大本

字叔達，翰林承旨程文憲公之子。天曆二年七月二十八日以奉直大夫上。

伯顔察兒

字文卿，乞石彌人，太傅帖哥之孫。天曆二年六月二十八日上。

王思誠

字克修，商議中書省事王約之子。至順二年八月十八日自郊祀署令，以奉議大夫上。

杜敏

字時可，襄陽人。至順三年七月二十一日以奉議大夫上。至元四年五月僉①遷雲南道肅政廉訪司事。

麥文貴

字敬存，南雄人。元統元年十二月二十六日自翰林國史院編修官，以將仕郎上。至元後元年閏十二月除掌醫監經歷。

著作佐郎

至元十五年二月設一員。至元二十四年閏二月設一人。正七品。

---

① 僉，倉聖本、四庫本作遷。

張明遠

至元十五年九月初二日上。

張康①

至元十五年九月　②日上。

李天麟

至元二十四年〔閏〕③二月二十二日上。

趙炌

字濟可④，成都人。至元二十七年正月初二日以　⑤郎上。

---

① 《元史》卷二〇三《張康傳》：張康，字汝安，號明遠，潭州湘潭人……凡召對，禮遇殊厚，呼以明遠而不名。疑本條與前一條誤爲二人。

② 空二字，四庫本作初一。

③ 閏，原脱。按至元二十四年有閏二月。

④ 前文「著作郎」中作際可。

⑤ 此處空二字，四庫本作承務。據前文「著作郎」條，趙炌於大德二年七月十四日以從仕郎（從七品）任著作郎，大德六年十一月陞承事郎（正七品），大德九年十二月初四日授承務郎（從六品），不可能在至元二十七年時爲承務郎。

李廷桂

至元二十七年二月初二日上。

秦允文

至元二十八年十一月初一日以承事郎上。

倪堅

至元二十九年八月初二日以承事郎上。

袁凱德

至元二十九年六月初二日以承事郎上。

王公孺

至元三十一年十一月二十八日以將仕郎上。

楊述祖

元貞元年七月十四日以從仕郎上。大德二年九月十八日以承(仕)〔事〕①郎上。

---

① 事,原誤作仕,據四庫本改。

孔淑

大德二年七月二十五日(上)〔以〕從仕郎〔上〕。①

李賢

大德四年十二月初二日上。

王庸

大德五年四月二十日上。

陳惟德

懷孟人，大德七年五月初二日以承務郎上。

王鐸

真定彭城②人。大德七年九月十三日③以承事郎上。

侯彰

大德九年十二月初二日以承事郎上。

---

① 以從仕郎上，原作上從仕郎。從高本改。

② 彭城，倉聖本、四庫本作鼓城。

③ 七年九月十三日，倉聖本缺，高本已校。四庫本作七年十月。

何守謙

大德十年三月二十四日以承事郎上。

張謙

至大元年八月二十八日以承事郎上。

張賑

至大元年九月初一日以承事郎上，陞承直郎。

白鐸

至大三年十一月十六日以承直郎上。真定人。

史燎

至大四年三月初二日上。真定人。

别敦

皇慶元年八月初二日上。

鄭立

字可興，潞州人。皇慶二年四月十二日以將仕郎上。

杜泰

皇慶二年七月二十七日以承直郎上。

田惟貞

延祐二年九月初一日以從仕郎上。

袁矩

字子方，建康人。延祐三年三月初九日以〔承事郎〕①上。

偰玉立

賜進士及第。延祐五年八月二十五日以　上。

袁遵道

字叔正，沛縣人。延祐六年六月初二日以文林郎上。

劉傑

至治二年三月初七日上。

王師文

廣平雞澤人。至治二年四月初二日由太子通事舍人上。

雅古

賜進士出身，字正卿，也里可温人。泰定元年十一月二十六日以承事郎上。

---

① 承事郎，據四庫本補。

完迮不花

賜進士出身，忙古台人，字元道。泰定元年十月十四日以承事郎上。

趙之方

字子濟，東平人。泰定四年三月十三日上。

吴誠①

字明善，大都人。泰定四年七月二十八日以〔承事郎〕②上。

國元簾

字公碩。天曆二年十二月二十三日上。

石夢亨

字　，　人。天曆二年七月二十七日以　上。

阿里

至順三年六月二日上。

---

① 誠，倉聖本、四庫本作善。

② 承事郎，據四庫本補。

許紹祖

元統元年二月十七日①上。

宋謙

字孟益，白馬人。元統二年七月二日上。

王克修

字進之，高唐人。元統三年正月二十八日以將仕郎上。至元後元年正月二十九日復任。

趙如愚

字師顔，銅鞮人。至元四年四月二十九日自應奉翰林文字，以文林郎上。

何道元

字巨淵，長社人。至元六年三月二十九日由光山縣尹，以承事郎上。

商企翁

字繼伯，曹州人，左山先生魯國文定公挺之孫，國子監貢士。至正元年閏五月二十七日自翰林國史院典籍官，以承事郎上。

---

① 十七日，倉聖本、四庫本作七日。

秘書郎

至元十四年二月設一人，至元十五年八月設一人。正七品。

竇履

至元十四年八月二十八日上。

鄭自興

至元十五年八月十七日以承事郎上。

王天祥

至元十八年三月二十五日自天文科管勾上。

喬貴成

至元十八年四月二十八日上。

謝堵林台

至元十八年七月初二日以回回陰陽人上，專掌回回文字。

蕭珍

至元二十二年八月十三日上。

杜質

至元二十三年①十二月二十日上。

馬澤

至元二十五年六月十三日以承直郎上。江淮行省參政馬通奉之子。

趙天民

至元二十七年五月二十四日以承事郎上。

李泉

至元二十八年十一月初二日以承務郎上。

王安義

至元三十一年九月以承事郎上。

王利亨

至元三十一年十一月二十八日以承務郎上。

李世長

大德元年四月初二日以登仕郎上。

---

① 二十三年，倉聖本、四庫本作二十二年。

蕭璘

大德二年八月初二日以徵仕郎上。

温澤

大德三年八月初二日以承直郎上。

劉的斤

大德四年十二月十九日上自本監通事除。

孔淑

大德六年三月初二日自著作佐郎上。

侯彰

大德六年十二月十九日以從仕郎上。靖江路人。

王笴

大德七年閏五月初二日上。字君貢，衛輝人。

李仲元

大都人。大德七年十二月初二日上。

毛莊

大德八年十二月初二日以承務郎上。

狄思聖

大德九年十二月初二日上。

李嗣宗

大德十一年八月初二日上。

趙崇

至元元年六月十六日以承德郎上。

張謙

至大元年三月初四日上。

何守謙

至大二年十二月十一日(以)承直郎上,陞奉訓大夫。

謝必昌

至大四年八月二十八日①上。

---

① 四年八月二十八日,倉聖本、四庫本作三年十二月初二日,高本已檢出。

李訥

至大四年九月初一日①上。

席郁

至大四年九月初一日上。

阿里

皇慶元年三月初二日以將仕郎上。

王文郁

皇慶元年二月二十日以承直郎上。

阿理

延祐三年五月初二日上，代阿里。

任賢才②

延祐三年七月二十五日上。

---

① 九月初一日，倉聖本、四庫本作八月二十八日，高本已檢出。

② 任賢才，本書卷三「秘書郎印」條載「延祐五年四月十二日，秘書郎任將仕」云云，此任將仕郎任某，或與任賢才爲同一人。

八兒思不花

賜進士出身。延祐五年十二月十六日上。

哈迷丁

延祐五年九月十二日上。

王操

延祐六年〔七月上〕①。

何鏞

字國器，杭州人。至治元年九月二十四日上。

阿都孫

至治三年五月二十八日上。

王守誠

字君實，太原陽曲人，進士出身。泰定元年二月初二日上。

那木罕

字從善，賜進士出身，遜都思人。泰定元年六月初二日上。

---

① 七月上，據四庫本補。

黃瓚

字君庸，藁城人。泰定三年六月初二日上。

忽先

泰定三年十二月初一日上。

王德修

字進之，高唐人。泰定二年十一月二十四日①上。

趙由寶

字　　。天曆二年七月十八日上。

卜顏達失

天曆二年十一月二十六日上。

張士貞

字　　。至順二年十一月十三日上。

顏之恪

字宗敬，兖國復聖公五十五代孫。至順二年三月二十八日上。

---

① 泰定二年十一月二十四日，倉聖本、四庫本作天曆二年七月十八日。

刺刺

至順三年十一月十八日以將仕郎上。

孔思立

字用道。宣聖五十四代孫，國子貢士。元統二年八月二十五日以承務郎上。至元後元年十一月拜南臺監察御史。

完者帖木兒

元統二年十二月十六日上。

張引

字惟遠，濟南人。至元三年三月二十五日用其父御史中丞養浩蔭上。

伯帖木兒

至元四年四月二十九日上。塔塔兒氏。

譚卜顏圖

至元六年二月一日上，尋罷。

程益

〔字〕①光道，濟南人。癸酉進士，至〔元〕②六年九月二十五日自翰林國史院編修官，以文林郎上。

劉鶚

字楚哥③，吉安之永豐人。至正元年十月十八日④自湖廣儒學副提舉，以從仕郎上。

周紀

字士綱，益都人。至正九年十一月以承事郎上。

揭沆⑤

字伯防，龍興人。至正十年五月二十一日以承務郎上。

張祈

字永伯。至正十二年四月二十八日以忠顯上。河南人。

---

① 字，原空，據倉聖本、四庫本補。
② 元，據倉聖本、四庫本補。
③ 楚哥，四庫本同，倉聖本作楚奇。高本已檢出。
④ 十八日，四庫本作八日。
⑤ 沆，倉聖本、四庫本作洸。

陳澤

字德潤，平江路吴江州人。至正十四年五月二十三日以承事郎上。

張昉

字顯初，保定人。至正十四年十一月昭信校尉上。

吕之屏

字惟範，冀寧人。至正十六年三月〔二十五日〕①上。

許楨

字元幹。

張霸

字士傑。

詹獻

字廷用，新安人。至正十九年十一月上，由内史府照磨遷。

王敬禮

字可誠，洛陽人。由太常奉禮承務郎至正二十年三月上。

① 二十五日，據四庫本補。

冷説

字起巖，膠東人。特奉。

鄭素履

字有恒，真定棗强人。

冷完者帖木兒

字用和，由中書省掾遷。

朱榘

字方大。至正二十三年七月上。

劉芳

字琴梅。至正二十三年六月上。吉安路永豐人。

吴珏①

字元珍。至正二十三年九月上，興化人，由本路教授陞是職。福建人。

李公珪

字仲瑛。由中書省掾至正二十三年九月上。

① 卷九載此人至正二十六年二月十六日由秘書郎陞監丞。

范泰

字仲和。由富寧提舉至正二十四年四月上。

張士明

字德昭，曲沃人。由國子助教遷，至正二十四年十二月上。

校書郎

至元十五年八月設一員，至元二十二年添一員，正八品。

謝椿

至元十五年八月十七日以從仕郎上。

李天麟

至元二十年十二月二十六日①上。

周馳

至元二十二年十一月二十四日上。

---

① 二十六日，倉聖本作二十二日，高本已檢出。四庫本同倉聖本。

杜爲善

至元二十〔二〕年〔八月初七日上〕①。

朱宗周

至元二十四年八月内，因修地理書添設。徽州人。

王利亨

至元二十八年十一月初二日以承事郎上。大都人。

楊述祖

至元二十九年九月初二日，以將仕郎上。

成克孝

至元三十一年七月初二日，以將仕郎，自本監令史除。

許宗吾

元貞元年閏四月初二日以從仕郎上。濟寧人。

何守謙

大德元年九月初二日以將仕郎上。

---

① 二、八月初七日上，以上七字據四庫本補。

李洧

大德元年十一月二十五日上。

萬遜

大德四年正月二十五日上。

李嗣宗

大德四年八月二十四日上。

李世長

大德六年六月二十二日自秘書郎遷。

侯彰

大德六年十二月十九日上。

趙文郁

大德九年三月初二日以將仕郎上。

王安仁

大德九年六月初二日以將仕郎上。

席郁

大德十一年①十月三十日以承事郎上。

張從善

至大元年閏十月二十八日以將仕郎、自管州判官遷。

王復

至大三年四月十八日上。

賈晦

至大三年九月初一日上。

李

至大四年八月二十八日上。

鄭方大

延祐元年二月二十日上。建昌人。

文矩

延祐元年四月三十日以登仕郎上。

---

① 十一年，四庫本誤作十二年。

李克基

延祐三年七月初二日上。睢州人。

告①省

延祐三年七月二十五日以承事郎，自國史院掾除。汾西人。

何鏞

延祐四年十二月二十五日上。（延）〔五〕②年加承務郎。

久住

延祐五年十二月十六日上。

張弘毅

至治元年七月十二日以將仕郎上。

谷巖

至治元年八月十六日以將仕郎上。三年取充臺掾。

---

① 告，倉聖本、四庫本作吉。

② 五，原誤作延，據倉聖本、四庫本改。

王德修

至治三年十二月十二日以登仕郎上。

宋褧①

泰定元年六月初二日以將仕郎賜同進士出身上。大都人。

哈八失

泰定二年七月十九日以將仕郎、回回國子學助教上。

國元簾

字公碩。泰定二年九月十九日上。

柴肅

字舜元，　　人。致和元年二月二十八日上。

張夔

字垚臣。至順元年五月一日上。

---

① 宋褧，字顯夫，大都人，累官至翰林直學士，嘗爲監察御史，其文學與兄本齊名，時稱二宋。著有《燕石集》。見《元史》卷一八二《宋本傳》。

王克修

字進之。至順元年八月二十八日上。

劉庸

字堯夫。至順三年十月二十六日上。

美里吉台

字洪範，唐兀人，庚午進士。至順四年六月二十九日上。

穆古必立

字永初，回回人，癸酉進士。元統三年五月二十九日以承務郎上。

篤烈圖

字克成，丁卯進士。元統元年十二月二日以登仕郎上。

逯居敬

字公瑾，衛輝人。至元三年十月十九日以承事郎上。

彦智傑

字惟周，丁卯進士。至元四年六月十二日自永城縣達魯花赤，以徵仕郎上。

伯帖木兒

至元六年四月一日上。

張楨

字約中，汴梁人，癸酉進士。至正元年二月三十日自河南省掾，以從仕郎上。

辨驗書畫直長

至元二十五年三月設一員。

董濟

至元二十〔五〕①年。

劉義

至元二十九年十二月二十五日受中書省劄付。三十一年更名偉。元貞元年五月換授敕牒。大德二年二月初二日加將仕佐郎。

唐文質

大德四年閏八月初二日上。

支瑋

大德七年三月上。陝州人。

---

① 五，原空一字，據前文小序及卷一「添設直長」條補。四庫本作二十一年三月上，疑爲二十五年三月之誤。

張煇
大德九年十月初二日上。

胡宣
至大元年三月初十日上。

何鏞
至大三年十月十八日上。

武立禮
皇慶二年三月二十四日上。

周明信
延祐二年八月初九日上。

馬公望
延祐五年八月十六日上。

杜伯懋
至治二年七月十八日上。大都人。

任賢才
泰定二年十二月十五日上。上海人。

李永

字可久。同進士出身。致和元年五月十九日上。

方義

號敬齋。至順二年五月十二日上。番陽人。

嚴毅

元統二年二月二十二日上。字仁卿。

也先帖木兒

至元三年三月初二日蔭父職，以將仕郎上。乃蠻人，字有開。

李黑廝

字廷瑞。至元五年十二月初二日自侍儀通事舍人，以從仕郎上。白馬人。

鄧昌壽

字士德，至元六年十二月二十七日上。鄆城人。

滿古台

字德謹①。

① 謹，倉聖本同，四庫本作謙。

王中

字賢卿，至正十五年九月上，濟南人。從仕郎鄒平縣主簿遷。

洪壽山

字守謙，至正十八年二月上。三韓南陽人。

趙伯顏達兒

字居禮。至正二十年七月初十日上。東鹿人。由景州判徵仕郎上。

雅班普

由嶺北省宣使遷。

鑾子

字允中。

秘書志卷第十一

題名

令史

至元十年二月初七日設二人，至元二十四年五月添一人。

趙欽止

至元十年十月參。

申傑

至元十年十月參。

李思齊

至元十三年三月①參。

翟嗣祖

至元十七年四月内準。

王安貞

至元十七年五月參。

王鐸

至元二十三年六月三十日參。

成克孝

至元二十三年九月初六日參。

李讓

至元二十五年五月參。

高伯椿

至元二十七年六月參。

① 三月，四庫本同，倉聖本作十月。

孛朮魯繼祖

至元三十年十月二十四日參。南陽内鄉人。

荆益

元貞元年十一月參。

楊倬

大德三年七月十九日由翰林接手書寫參。

趙仁

大德五年四月初二日參。

段禧

大德七年五月二十七日參。齊河人。

韓肅

大德十一年六月二十五日參。

張輝

至大元年二月十六日參。

徐元鳳

至大三年五月初十日參。東平項城人。

王鑑

延祐元年七月十二日叅。

杜伯懋

延祐元年九月初七日叅。

馬德謙

延祐四年十一月二十二日叅

黄仲庸

字允中。延祐七年四月初九日叅。

王協一

字　。至治元年三月二十五日叅。

李仲義

字士亨。至治二年正月叅。

李楫

字道濟。至治三年八月初七日叅。

劉敬

字元禮。泰定二年二月二十九日參。〔後授文林郎〕①，高唐武縣人。

鄭允德

字良甫，絳州太平人。天曆元年十一月初二日參。

劉文義

字義卿。至順元年十一月十六日參。河間人。

李守恕

字順夫。至順三年六月初九日參。潞州人。

朱直

字大方。至元二年七月十六日參。東明人。

王遺直

字〔叔〕向②。至元四年三月十三日參。真定人。

---

① 後授文林郎，據四庫本補。

② 字叔向，叔字原空，據倉聖本、四庫本補。

謝禮方

字文器。

鄧林

字世英。至正五年八月十八日參。吉水州人。

劉濟

字潤民。至正十年九月三十日參。冀寧人。

趙敏

字克修，大名人。至正十五年①二月參。

李鑒

字彦昭，大名人。至正十八年三月②由典書③轉。

王惟一

字仲吉。至正十八年八月初九日由典瑞院書寫參。益都嶧州人。

---

① 十五年，倉聖本、四庫本作十年。

② 三月，二字倉聖本無，高本已校，四庫本作十一月。

③ 典書，後文在「典吏」條中。

張傚

字(仕)〔士〕儀①。

張汝弼

字賢佐。

譯史

劉漸

至元二十二年五月〔參〕②。

許宗吾

至元二十四年九月二十七日參。

路朵兒別台

元貞元年正月三十日參。

蓋洋

大德六年五月二十九日參。

---

① 士儀，原作仕儀，倉聖本作士儀、四庫本作士義。後文「典吏」中三本均作士儀。

② 參，據四庫本補。

師贇

至大二年十月初二日參。高唐人。

劉道源

延祐四年三月二十五日參。

翟完者

延祐六年閏八月二十五日參。

張適

至治二年五月初二日〔參〕①。

劉繼祖

延祐七年九月初二日參。

唐完者

泰定四年十一月二十二日參。日照縣人。

---

① 參，據文義補。

劉德讓

至順元年十一月初三日〔參〕①。

王愷

至順四年五月初三日參。安陽縣人。

咬住

至元後三年四月十二日參。

伯户

至元後四年十二月十六日參。

朵難

至正五年八月十八日參。字敬先。

回回令史

沙不丁

至元十年十一月參。至元十四年三月受中書吏部劄付。

---

① 參，據文義補。

阿里

至元二十三年八月初十日參。

別的斤

至元〔十四〕①年　月參。

苫思丁

至元二十八年。

哈迷都丁

元貞元年十一月初三日參。

阿合馬

大德五年十二月初二日參。

木撒

至大元年六月二十二日參。

睦八剌沙

至大三年四月十九日參。

---

① 十四，據四庫本補。但與本書按時間先後排列矛盾。

納速剌

延祐四年八月初二日參。

阿里

泰定元年十一月二十五日參。

馬合馬沙

至順三年二月十三日參。

迭里月失

至元後五年五月二十九日參。

哈里失

至正六年閏十月初一日參。字思賢。

知印

元貞元年正月設一人。至大元年四月添一人。

申居仁

元貞元年正月二十四日自行工部奏差保充。

李九思

大德六年七月二十六日由本監管勾參。

彭嗣祖

大德十一年三月二十八日參。至大元年四月準。

馮守節

至大元年閏十一月十六日參。

牛仲實

延祐元年四月二十八日參。

張涉

延祐元年①八月初九日參。汝寧人。

王聖孫

延祐六年四月初二日參。

李德芳

延祐六年五月十六日參。

---

① 元年，倉聖本、四庫本作二年。

徐誠

字道〔弘〕。至治二年五月二十二日參。

趙鎔

字景範。泰定元年五月二十六日參。東平人。

謝守仁

字安卿。天曆三年四月初六日參。鄄城人。

仝承慶

字彦慶①。至順三年六月二十九日參。睢陽人。

捌剌

字國賓。至元六年二月初六日參。

亦思馬因

字和卿。至元五年九月十三日參。

兀伯都剌

字唐臣。至正四年三月二十日參。

---

① 慶，倉聖本、四庫本作卿。

阿理①

字士賢。至正六年十二月二十三日參。

寶寶

字從善。

呂敬

〔字〕②仲禮。至正二十二年五月初六日參。古燕人也。

怯里馬赤

至元二十四年二月設一人。

暗都剌斡合

至元〔四〕〔二〕十四③年二月十九日參。

---

① 理，倉聖本、四庫本作里。

② 字，據倉聖本、四庫本補。

③ 二十四，原作四十四，據倉聖本、四庫本改。後文「奏差」中該人又作暗都剌斡哈，並記於「二十四年二月轉充本監怯里馬赤」。

謝元鳳

至元二十六年六月十三日參。謝堵林台子。

別的斤

至元二十八年十一月參。大德五年除充校書郎。

王伯顔察兒

大德四年十二月二十日參。

郝黑的

大德十一①年六月二十五日參。

馬合某

延祐元年九月初七日參。

耿撒里台

字彦莊。至治二年三月二十二日參。樂陵人。

速來蠻

字道弘。天曆二年六月十三日參。答失蠻人。

---

① 十一，倉聖本、四庫本作十。

達理於實

字壽之。至元二年九月初九日參。阿魯渾人。

怯烈

字仲賓。至正四年正月二十六日參。

奏差

至元十年十月設二名。

忽都魯伯

至元十年十月參。

蘇德慶①

至元十年十月參。

忻都

至元十三年十一月準。

---

① 慶，倉聖本、四庫本作卿。按本書卷二「立監定俸」條，三本均作慶。

暗都剌斡哈①

至元〔二十一〕年〔三〕月〔參〕②。二十四年二月轉充本監怯里馬赤。

劉守讓

至元二十年九月二十四日受吏部劄付。

祖顯

至元二十四年二月十九日參。

馬合麻

至元二十四年五月初二日參。

燕京

至元三十一年六月十四日參。

王彦恭

舊名欽若。至元三十一年八月二十四日參。

---

① 前文「怯里馬赤」中作暗都剌斡合。

② 二十一、三、參，以上五字據四庫本補。

楊俶

至元二十七年十二月三十日參。

郭遜

元貞二年正月初二日參。

劉那海

大德五年十二月二十五日參。

馬克明

大德七年五月十五日參。

苑德林

大德七年六月初一日參。

牛仲實

至大三年十月二十二日參。

李居貞

至大四年六月二日參。

高伯榮

延祐元年九月初二日參。清豐人。

王惟正

字時中。延祐五年四月二十二日自典吏轉。

高守禮

字德之。延祐七年四月初九日參。

周士允

字士中。泰定二年六月二十二日補。鹽山人。

尹德瑄

字彦明。致和元年三月初四①日參。

張亨

字仕可。至順元年三月二十九日參。

囊加台

字元道。後至元三年八月二十九日參。也里可温人。

---

① 四，倉聖本、四庫本作二。

程時中

字〔時中〕〔中時〕①。至元四年十月十三日參。黄州人。

烈瞻

至正六年二月初六日參。字庭②傑。

忽都不花

字舜臣。至正三年七月二十九日參。

楊文

字獻臣。至正九年十一月十九日參。

孟守恭

字思〔恭〕〔敬〕③。至正十三年六月參。山東人。

張崇質

字彦文。至正〔十〕年〔七〕④月參。

---

① 中時，原作時中，據四庫本改。
② 庭，倉聖本、四庫本作廷。
③ 敬原作恭，據倉聖本、四庫本改。
④ 十、七，以上二字據四庫本補。

完者不花

字仲美。至正二十一年四月參。唐兀〔人〕。

李仁

字仁卿。至正二十一年二月參。永平盧陵縣〔人〕①。

王允恭

字克讓。

典書

至元十年二月設(一)〔二〕人②。

李思齊

至元十年十月參。

---

① 人，據四庫本補。

② 二人，原作一人，據倉聖本、四庫本改。據後文，李思齊、張琚琳二人同在至元十年參，又據本書卷二「立監定俸」條載，二人以典書月支鈔一十兩。無疑當作二人。

張琚琳

至元十年十月參。

翟嗣祖

至元十三年閏三月準。

趙琪

至元十三年十一月參，兼知印勾當。

王安貞

至元十五年四月參。

范英

至元十八年三月參。

劉偉

至元十八年三月準。至元十九年五月司徒府〔奏〕①差兼集賢院令史。

田居敬

至元二十年四月初二日參。

---

① 奏，據文義補。

王鐸

至元二十三①年十二月初三日參。

馮誠

至元二十四年五月二十日參。

高伯椿

至元二十四年八月二十六日參。

陳津

至元二十六年八月準。

劉文偉

至元二十七年六月參。

權彦良

至元二十七年十二月初一日參。

荆益

至元二十八年　月。

① 二十三，倉聖本、四庫本作二十二。

郭邦彦

元貞元年十二月二十二日參。

紀弘道

大德二年四月初二日參。

周之德

大德三年六月初八日參。

馬克明

大德五年二月初五日參。保定人。

徐元鳳

大德七年七月初二日參。

李居貞

大德十一年正月二十五日參。濟南人。

杜伯懋

至大三年五月二十八日參。

黄禮

至大四年三月二十二日參。

黄仲庸

延祐二年正月十九日參。

劉敬

延祐五年四月十二日。

段諒

延祐六年四月。

李仲儀

延祐七年四月初九日參。

李楫

延祐七年十二月初七日參。

鄭允德

至治二年正月十九日參。

李守恕

泰定二年十月二十六日參。

劉文義

致和元年九月初一日參，由典吏轉。

朱直

天曆元年十一月初二日參。

楊允敬

至順三年八月初三日參。

王遺直

至順四年二月二十二日參。

典吏

至大元年五月設，一人。

杜伯懋

至大元年六月初十日參。

王鑑

至大元年〔七月參〕①。

---

① 七月參，據四庫本補。

王惟正
至大四年三月二十二日參。
黄禮
至大三年六月初二日參。
高伯榮
皇慶元年三月初三日參。
許文瑞
李仲儀
延祐五年十月初九日參。
周士允
延祐七年四月初九日參。
李義
劉文義
泰定四年八月十二日參。
張亨
天曆元年九月初八日參。迁安人。

秘書志卷第十一

楊允敬
至順元年六月初三日參。

鄧林
至元三年①八月二十九日參。吉水人。

王冕
至元四年十二月十六日參。大都通州人。

劉鏞
字克權。至正六年二月初六日參。

孫松
字士賢。至正十三年八月十二日參。晉寧人。

王居信
字仲義。至正二十一年十月二十三日參。棣州商河縣〔人〕②。

温德
字子新。至正二十三年十月十九日參。濟南人氏。

① 三年，四庫本作十年。
② 人，據四庫本補。

薛顯

字顯卿。至元後四年四月初九日參。清豐人。

鄧林

字世英。至元後四年十二月十六日參，由典吏轉。

塗應庚

字德明。至正五年八月十八日參。龍興路人。

李鑑

至正五年十月十五日參。字彦昭，大名清豐人。

張倣

字士儀。至正十八年正月參。廣平人。

張汝弼

字賢佐。至正二十年三月參。大都人。

王思孝

字奉先。至正二十二年十一月參。真定人。

張楫

字叔讓。

附録

題記

倉聖本吴騫題記①

丙寅五月，仲魚孝廉爲予從吴中購得此志，其卷數門類與《十駕齋養新録》所載悉同，惟葉數《養新録》共二百六十五葉，而此計二百六十八葉，豈宫詹所見本尚有闕葉歟？此本舛錯甚多，予雖以意校，終未能釋然，復屬仲魚訪之三吴藏書家，率與此本無異，仍攜以見還，仲魚亦照録一部於紫薇講舍。嗟乎！宫詹往矣，誰復能與予輩再訂此書邪？嘉慶己巳五月吴騫記。同治丁卯七月録於吴門，凡八日而畢。卷中朱筆悉照拜經樓藏本過録。江山劉履芬記。乞巧後一日。

① 本名爲點校者所加。

倉聖本唐翰題記①

《秘書監志》，拜經樓舊藏本。嘉慶丙寅陳仲魚孝廉購於吴中以歸，槎客先生復照録一册藏之。越同治六年丁卯之夏，江山劉彦清司馬知余時方搜羅拜經遺書，爲余購得於閶門書肆，而手録其副，持以見示。夫一《秘書監志》，事之瑣瑣者耳，而時隔六十二年，得者、藏者、録者先後若出一轍，且仍不出吴地，豈凡事莫不有數主乎？其間非人所能轉移者耶？是不可以不書。中秋廿有八日，嘉興唐翰題記。

倉聖本王國維題記②

江山劉泖生司馬履芬。手鈔拜經樓舊藏元《秘書監志》十一卷，前有至正二年秘書監奉聖旨編集《秘書監志》公文，後録吾鄉吴兔牀明經騫。跋并司馬及嘉興唐蕉庵觀察翰。題手書二跋。每半葉九行，行十六字。觀其行款及平闕之式，蓋後元刊本出也。書中四、五兩卷舊有錯葉，與目録不同。兔牀先生舊校疑目録有誤，予詳加勘正，知原書卷四第二十一葉以下，係卷五錯葉；卷五第十二葉以下，亦卷四錯葉。一經改正，則此兩卷文字從順，條理秩然，始知非目録之誤，乃本書之誤也。兔牀先生跋謂三吴藏書家本與其藏本率同，余所見錢唐丁氏本亦同，是諸本同出一源，其錯亂蓋自元

---

① 本名爲點校者所加。
② 本名爲點校者所加。

本已然，今既訂正，可爲此書善本矣。然非先輩鈔書皆仍原本行款，則後人亦無自得其錯亂之由，此景鈔與景刻本所以可貴也。今以活字印行，其平闕之式及所空行數，雖悉遵原本，然行款不同，故即從訂正之本付印，不復仍其錯亂，此有本書目録可據，讀此書者當不議其專輒也。丙辰五月海寧王國維記。